보기만 해도 영어가 술술 나오는

A4 한 장 영어 공부법 영어회화편

The Magical Framework to Learn English

Nic Williamson

더북에듀

머리말

"해석은 되는데, 회화가 잘 안 돼요."
여러분도 혹시 이런 고민을 하고 있지는 않나요?

영어회화가 어려운 주된 이유 중 하나는 영어를 한국어의 템플릿(template)에 맞춰 말하려고 하기 때문입니다.

여기서 말하는 템플릿이란 바로 '언어의 틀'을 뜻합니다. 쉽고 자연스러운 영어회화를 위해서는 영어의 틀에 맞춰 말하는 것이 중요합니다.

일정 수준의 어휘와 문법을 알고 있으면 영어 문장을 읽고 이해하는 것은 가능합니다. 그러나 직접 문장을 만들어야 하는 쓰기나 말하기에서는 아무리 많은 어휘를 알고 있어도 단어를 나열하는 것만으로는 의미 전달이 어렵습니다.

영어회화를 잘하기 위해서는 '영어 말하기를 위한 틀'이 필요합니다.

회화에 자신 없는 많은 사람들이 겪는 가장 큰 문제는 머릿속에 들어 있는 지식이 뿔뿔이 흩어져 있어 체계적인 틀을 이루지 못하는 것입니다.

그런 사람들에게 필요한 것이 바로 영어의 틀을 학습할 수 있는 '마법의 A4 한 장'입니다. 제시된 틀에 단어나 덩어리 표현을 끼워 넣으면 어려운 문법에 대한 이해 없이 다양한 문장을 쉽게 말할 수 있습니다.

이 책의 부록인 '마법의 A4 한 장'을 살펴볼까요? 파트 A, 파트 B 등의 틀을 발견할 수 있습니다. 먼저 파트 A와 파트 B를 조합하여 짧은 문장을 만들어 보세요. 이 간단한 연습만으로도 여러분의 영어회화 실력이 향상될 것입니다.

틀에 맞춰 말하기의 가장 큰 이점은 쉽고 간편하다는 점입니다.

실제로 영어회화가 얼마나 쉽고 간단한지를 알게 된다면 지금까지 회화 공부에 많은 노력과 시간, 돈을 들인 분들은 약간 실망할 수도 있습니다.

또한 너무 많은 생각에 사로잡혀 오히려 부자연스러운 영어를 사용하게 될 때도 있습니다.

그런 분들께 이 책이 조금이나마 도움이 되기를 바랍니다.

A4 한 장은 복잡한 문법이나 어휘에 대한 걱정 없이 자신감 있게 영어를 말할 수 있도록 영어 문장의 구성 요소를 단 4개의 파트로 정리하고 있습니다.

A4 한 장을 활용한 말하기 훈련을 통해 원어민과 같이 자연스러운 문장을 구사할 수 있습니다. 노트나 펜도 필요하지 않습니다. A4 한 장을 활용한 영어회화 공부법으로 영어가 얼마나 쉽고 간단한지를 실감하게 될 것입니다.

독자 여러분을 위한 특별 혜택

'마법의 A4 한 장'을
다운로드하세요!

이 책에서 소개하고 있는 '마법의 A4 한 장', '동사·형용사 목록' 등 다양한 학습 자료를 무료로 이용하실 수 있습니다.

- 부록으로 제공되는 A4 한 장은 무제한으로 다운로드 가능!
- A4 한 장을 직접 수정·변경할 수 있는 엑셀 데이터 배포!
- 책에서 소개하는 유튜브 영상 모음 제공!

아래의 QR코드를 통해 접속하실 수 있습니다.

마법의 A4 한 장 활용법

1. 시제를 결정하자!

제1장

1. 4개의 시제 중 하나를 선택한다.
2. 긍정형·부정형·의문형 중 하나를 선택한다.
3. 소리 내어 말하는 연습을 한다.

예 과거 부정 ➡ I didn't go.
　미래 긍정 ➡ I'm going to go.

4. 문장 앞에 어구를 붙여 보자!

제4장

I'm glad, I hope 등 어구를 덧붙인다.

예 It's too bad I didn't see a movie.
　I hope I go home.

5. 문장과 문장을 이어보자!

제5장

파트 A와 B를 활용하여 두 개의 단문을 만든 후, but, because, so 또는 if, when, before 등으로 연결한다.

예 I'm going to go home so I didn't see a movie.

3. 형용사를 써서 문장을 만들어 보자!

제3장

'마법의 A4 한 장'에 제시된 파트 A와 B를 활용하여 형용사를 쓰는 문장의 시제를 연습한다.

예 I wasn't sad.
　I'm going to be thirsty.

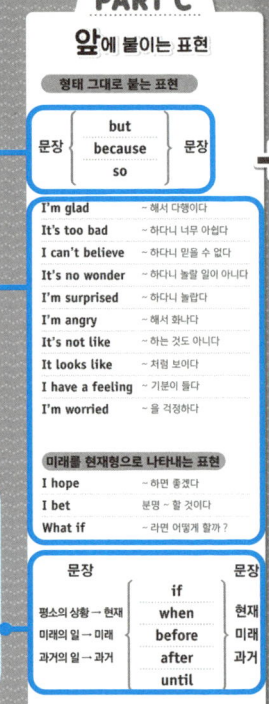

6 문장 뒤에 어구를 붙여 보자!

파트 A와 B를 활용하여 만든 단문 뒤에 파트 D를 덧붙인다.

제6장

예) I didn't see a movie crying.
I'm going to get up tired.

PART A
4가지 시제 연습

평소의 상황·습관
I/You/We/They He / She / It
I work.　　　　He works.
I don't work.　　He doesn't work.
Do you work?　　Does he work?

과거
I went.
I didn't go.
Did you go?

현재 진행 중인 상황·일시적 사건
I'm working.
I'm not working.
Are you working?

미래
I'm going to go.
I'm not going to go.
Are you going to go?

I'm 과 Are you ? 에 바꿔 쓸 수 있는 표현

아임[aim]	I'm	Am I ?
히즈[hiz]	He's	Is he ?
쉬즈[ʃiz]	She's	Is she ?
이츠[its]	It's	Is it ?
유어[juər]	You're	Are you ?
위어[wiər]	We're	Are we ?
데이어[ðeir]	They're	Are they ?

PART D
뒤에 붙이는 표현

형용사
hungry
tired
drunk
angry
ready
empty-handed
sad
sick
not drunk
not ready

with + 명사
with a problem
with a headache
with a cold
with a hangover
with no money
with no plan

동사+ing
crying
smelling like alcohol
wearing contacts
thinking about that
not wearing makeup

PART B
동사구 목록

일반
go home　　　　　집에 가다
go to work　　　　회사에 가다
go to the gym　　헬스장에 가다
get a haircut　　　머리를 자르다
get money out　　돈을 인출하다
get up　　　　　　일어나다
go to bed　　　　자다
get to sleep　　　잠들다
stay home　　　　집에 있다
order in　　　　　(음식을) 배달시키다
watch TV　　　　 텔레비전을 보다
get ready　　　　 준비하다
get changed　　　옷을 갈아입다
spend money　　 돈을 쓰다

일
get promoted　　　 승진하다
get transferred　　　전근-이동하다
get fired　　　　　　해고되다
meet the deadline　 마감 기한에 맞추다
hit my target　　　 목표를 달성하다
do overtime　　　　야근하다
get paid　　　　　 급여를 받다
get in trouble　　　 혼나다, 질책을 받다

연애
ask + 사람 + out　　 -에게 데이트를 신청하다
go out (with + 사람)　(-와) 사귀다
break up　　　　　 헤어지다
get back together　　재결합하다

오락
see a movie　　　영화를 보다
get a video　　　 비디오를 빌리다
go drinking　　　 술을 마시러 가다
go shopping　　　쇼핑하러 가다
go skiing　　　　 스키 타러 가다
eat out　　　　　 외식하다
go to the beach　바닷가에 가다

가사
clean the house　집을 청소하다
make dinner　　 저녁을 준비하다
do the dishes　　설거지를 하다
do the laundry　 빨래를 하다

2 동사 표현을 바꿔 보자!

파트 A 예문의 초록색 부분을 파트 B에 제시된 다양한 동사 표현으로 바꿔 말하는 연습을 한다.

제2장

예) I didn't see a movie.
I'm going to go home.

contents

권두부록 마법의 A4 한 장
머리말 ——————————————————— 3
마법의 A4 한 장 활용법 ——————————— 6~7

서장 'A4 한 장 영어 공부법'이란 무엇인가

section 1 'A4 한 장 영어 공부법'의 놀라운 메커니즘 —— 16
틀에 맞춰 넣기만 하면 되는 쉬운 공부법! ——————— 16
어려운 문법을 몰라도 상관없는 공부법! ——————— 17
발음과 듣기 실력을 향상시키는 공부법! ——————— 19
쓸 때는 I'm going to ~, 말할 때는 I'm gonna ~ ——— 20
단어 학습 속도가 빨라지는 공부법! ———————— 21

section 2 'A4 한 장 시트'의 기본적인 사용법 —— 23
① 단문을 만든다 ——————————————— 24
② 단문 앞에 파트 C를 붙인다 —————————— 26
③ 문장과 문장을 연결한다 ——————————— 28
④ 단문 뒤에 파트 D를 붙인다 —————————— 30

section 3 인지 신경과학적 관점에서 보는 A4 한 장 공부법 —— 32
'마법의 A4 한 장' 사용 요령 ——————————— 32
뇌의 신경 회로와 시냅스 ———————————— 33
영어 회로를 형성하기 위해서는 —————————— 36

| section 4 | **모국어를 영어로 옮기는 습관이 낳는 문제점** — 37 |

① 표현이 바로 생각나지 않는다! —————————— 37
② 어색한 표현을 쓴다! ———————————————— 38
③ 쉽게 몸에 배지 않는다! ——————————————— 39
학교에서 배운 방식에서 벗어나자 ———————————— 40

제1장 영어의 기본, '시제' 완전 정복

| section 1 | **영어에서는 '시제'가 가장 중요하다!** ————— 44 |

4가지 기본 시제 ————————————————————— 44
파트 A '4가지 시제 연습'의 활용법 ———————————— 47
시제에 엄격한 영어 ——————————————————— 49
단어 고민을 할 필요가 없는 이유 ————————————— 51
문법보다는 틀에 맞춰 말한다! —————————————— 53

| section 2 | **학교 커리큘럼의 문제점** ———————————— 56 |

학년별로 따로 배우는 시제 ———————————————— 56

| section 3 | **주어 I로 4가지 시제를 연습해 보자** ————— 59 |

| section 4 | **다른 주어로 연습해 보자** ———————————— 66 |

현재진행형과 미래형 연습 ————————————————— 66
현재형과 과거형 연습 ——————————————————— 70

| section 5 | **날씨를 나타내는 동사 활용법** ————————— 74 |

| section 6 | **다양한 예제로 시제를 알아보자** ———————— 77 |

| section 7 | **연습을 반복하여 순발력을 높이자** ——————— 83 |

다양한 '동사' 활용으로 회화 실력을 키우자

section 1 쓸 수 있는 동사를 늘려 보자 —— 88
- 동사 목록 · 목적어가 필요 없는 동사 —— 89
  - 목적어가 반드시 필요한 동사 —— 90
  - It을 주어로 쓰는 동사 —— 91
- 동사구 목록 · 일반 / 가사 —— 92
  - 건강 / 오락 —— 93
  - 레저 / 피해 상황 / 연애 —— 94
  - 일 —— 95

section 2 동사 목록 활용법 —— 97
- 목적어의 필요 유무에 따른 동사 분류 —— 97
- It을 주어로 쓰는 동사 —— 98

section 3 동사구 목록 활용법 —— 99
- '사람'이라고 적힌 부분에는 '사람 목적어'를 쓴다 —— 99
- 수동태는 동사구 그대로 기억한다 —— 101
- 하이픈(-)으로 연결된 동사는 한 단어로 생각한다 —— 101

제3장 '형용사'를 쓰는 문장을 연습해 보자

section 1 '형용사'를 쓰는 문장을 만들어 보자 —— 106
- 평소 상황과 현재 상황 모두 현재형을 쓴다 —— 106
- 미래 표현 —— 108
- 과거 표현 —— 109
- I'm being을 쓰는 예외 형용사 —— 109

형용사 목록 • 상태 / 감정 / 성격 —— 113
　　　　　 • It을 주어로 쓰는 형용사 —— 114

section 2 형용사는 be동사만 붙이면 OK! —— 115

제4장 '문장 앞에 붙이는 표현'으로 실력을 높이자

section 1 문장에 표현을 덧붙여 보자 —— 120
　문장 앞에 붙이기만 하면 된다 —— 120
　시제 연습을 해 보자 —— 122
　두 문장의 시제를 반드시 맞출 필요는 없다 —— 123
　해석에 현혹되지 말자 —— 125
　미래 시제도 주의하자 —— 127

section 2 미래를 현재형으로 나타내는 표현 —— 131
　I hope / I bet / What if + 동사의 단문 —— 131
　I hope / I bet / What if + 형용사의 단문 —— 135
　다양한 조합으로 시제를 더 연습해 보자 —— 137

제5장 '문장과 문장을 잇는 표현'으로 원어민처럼 말해 보자

section 1 긴 문장을 쉽게 말할 수 있는 방법 —— 142
　because와 so의 구분 —— 144

section 2 미래를 현재형으로 나타내는 표현 —— 146

when, after에 주의하자 —————————————— 147
before, until에 주의하자 —————————————— 147
두 문장 간의 시제 정리 —————————————— 149

section 3 시제를 다양하게 조합하여 연습해 보자 ———— 156

section 4 언어 간 시제 감각의 차이 ————————— 161

제6장 복잡한 내용을 쉽게 말하는 '기적의 응용' 표현

section 1 원어민이 일상적으로 쓰는 방법 —————— 166

문장 뒤에 단어를 붙여 보자 ————————————— 166
'명사'라면 with를 붙인다 —————————————— 168
'동사'는 -ing를 붙인다 —————————————— 168
간단하고 자연스러운 영어를 구사하는 방법 ——————— 170
'기적의 응용 표현'의 3가지 방법 ——————————— 171

section 2 ① 형용사를 덧붙인다 ————————— 173

왜 부사가 아니라 형용사일까? ———————————— 173
부정형은 형용사에 not을 붙인다 ——————————— 174

section 3 ② 「with + 명사」를 덧붙인다 ——————— 177

명사는 with와 함께 쓴다 —————————————— 177
부정형은 명사 앞에 no를 붙인다 ——————————— 178

section 4 ③ 「동사 + -ing」를 덧붙인다 ——————— 180

「동사 + -ing」는 '~하면서'를 의미한다 ————————— 180
부정형은 동사 앞에 not을 붙인다 ——————————— 181

| section 5 | **'더블' 기적의 응용 표현** ──────── 182
기적의 응용 표현을 쓸 수 있는 경우와 없는 경우 ──── 182
'더블' 기적의 응용 표현 ──────────── 183

| section 6 | **덧붙이는 순서** ──────────── 187
일이 일어난 순서도 고려한다 ───────── 188
순서가 상관없는 경우 ──────────── 189
「동사+-ing」가 두 개 붙는 경우 ─────── 190

| section 7 | **자연스러운 대화를 위한 팁** ──────── 191

서장

'A4 한 장 영어 공부법'이란 무엇인가

section 1

'A4 한 장 영어 공부법'의 놀라운 메커니즘

틀에 맞춰 넣기만 하면 되는 쉬운 공부법!

이 책에서 다루는 '마법의 A4 한 장'은 총 4개의 파트로 구성되어 있습니다.

- 기본 패턴(파트 A)
- 기본 패턴에 맞춰 응용할 수 있는 표현(파트 B)
- 문장 앞·뒤에 덧붙일 수 있는 표현(파트 C·D)

파트를 조합하여 만든 다양한 문장이 입에서 술술 나올 때까지 소리 내어 말하는 훈련을 해 보세요. 이렇게 훈련하다 보면 여러분의 영어회화 실력이 크게 향상되는 것을 느낄 수 있을 것입니다.

먼저 파트 A와 파트 B를 살펴볼까요? 이 두 파트를 조합하면 다음과 같은 간단한 문장을 만들 수 있습니다.

I go home.

파트 A와 파트 B를 다양한 방식으로 조합하여 문장을 만드는 훈련을 하면 실제 대화에서 쓸 수 있는 영어 표현들이 점차 늘어날 것입니다.

이때 A와 B에 나오는 단어들을 하나의 단어로 익히는 것이 아니라 각각의 표현을 하나의 덩어리로 익히는 것이 중요합니다.

예를 들어 영어로 '집에 가다'라고 말하고 싶을 때 go와 home을 개별 단어로 외워 두면 어떤 일이 일어날까요?

'go와 home 사이에 to가 들어가야 하나?'
'my home이라고 해야 하나?'

이렇게 망설이는 사이에 대화가 끝나버리겠지요. 많은 사람들이 이런 경험을 해 봤을 것입니다.

말할 때마다 이런 고민을 한다면 당연히 대화의 흐름을 따라갈 수 없지요.

이처럼 개별 단어보다는 덩어리 표현을 중심으로 익히는 것이 더 효과적입니다.

어려운 문법을 몰라도 상관없는 공부법!

앞서 배운 '집에 가다'라는 영어 표현을 다시 한번 떠올려 볼까요?

go home.

"왜 to가 들어가지 않을까?"

"my를 안 썼는데 왜 '자기' 집으로 돌아간다는 의미가 될까?" 이런 의문을 가진 사람도 있겠지요.

하지만 영어회화에서 '왜?'라는 질문은 그다지 중요하지 않습니다.

그보다는 표현을 어구나 구문, 즉 '덩어리'로 인식하는 것이 중요합니다. '여기는 이런 형태의 표현이 들어가는구나'라고 생각하는 것에 익숙해져야 합니다.

'집에 가다'는 go home.

이렇게 하나의 덩어리로 인식하면 세세한 문법 사항을 신경 쓰지 않아도 되겠지요. 그러면 대화의 흐름을 따라갈 수 있을 뿐만 아니라 문법적인 실수를 줄일 수 있습니다.

이번에는 "설거지를 하는 사람은 항상 저예요"라는 문장을 영어로 표현해 볼까요?
영어를 열심히 공부해 온 많은 사람들이 아마 이렇게 말할 것 같네요.

I am the one who does the dishes.

하지만 이렇게만 말해도 충분하지요.

I do the dishes.

이 문장 역시 파트 A와 파트 B를 조합하여 만들 수 있습니다.

어려운 문법 이론은 필요 없습니다. 오히려 원어민에게는 I am the one who does the dishes.라는 표현이 더 부자연스럽게 느껴질 것입니다.

또 다른 예를 살펴볼까요?
"아침에 일어났더니 유명인이 되어 있었다"라는 문장을 영어로 어떻게 표현할까요?

I woke up to find myself to be famous.

이 문장은 실제로 제가 어느 책에서 본 것입니다. 사실 원어민이 쓰지 않는 표현입니다.

I woke up famous.

원어민은 이 표현을 훨씬 더 자연스럽게 받아들일 것입니다.

이제부터는 지금까지 배운 영어 문법 표현에서 벗어나 간단한 영어회화 표현을 익히는 데 집중하세요.

발음과 듣기 실력을 향상시키는 공부법!

'마법의 A4 한 장'을 활용하여 표현을 덩어리로 인식하는 훈련을 하면 발음도 좋아집니다. 예를 들어 볼까요?

get up.

get과 up을 개별 단어로 인식하면 '겟 업[get ʌp]'이라고 발음하겠지요. 하지만 get up을 하나의 덩어리로 인식하면 원어민처럼 '게럽[gerʌp]'이라고 자연스럽게 발음하겠지요.

shut up.

이 역시 '셧 업[ʃʌt ʌp]'이 아니라 '셔럽[ʃʌrʌp]'으로 발음하는 것이 좋습니다.

pick up.

'픽 업[pik ʌp]'이 아니라 '피컵[pikʌp]'으로 발음하면 원어민에 가까운 발음으로 말할 수 있게 됩니다. 게다가 발음이 원어민과 가까울수록 듣기 실력도 향상됩니다.

그러므로 원어민과 유사한 발음을 구사할 수 있도록 노력하는 것이 좋겠지요.

쓸 때는 I'm going to ~, 말할 때는 I'm gonna ~

미래의 일을 표현할 때 주의해야 할 점이 있습니다.

쓸 때는

be going to ~

라고 표현하지만 대화할 때는

I'm gonna ~ ('아임 거너[aim ɡɔːnə]'라고 발음한다.)

로 말합니다.

이 책에서는 미래의 일을 표현할 때 I'm going to ~라고 쓰도록 하겠습니다.

Point

원어민이라면 누구나 I'm gonna ~라고 말합니다. 미국인이든 영국인이든 나이나 성별에 관계없이 모두 마찬가지입니다.

I'm gonna ~라는 발음은 원래 영국에서 시작됐습니다. 아래에 소개된 영상에서 볼 수 있듯이, 영국 귀족도 이 표현을 쓰고, 귀족을 인터뷰하는 저널리스트도 gonna라고 말합니다. 또한 영화나 드라마에서도 이 표현을 쉽게 찾아볼 수 있습니다. 영상을 보면서 발음에 익숙해지는 훈련을 해 보세요.

단어 학습 속도가 빨라지는 공부법!

외국어를 처음 공부할 때는 누구나 어휘력이 부족해서 자신이 하고 싶은 말을 정확하게 전달하기 어렵지요.

그럴 때는 먼저 해당 '언어의 뼈대'를 머릿속에 넣어 둬야 합니다.

대화를 할 때 그 뼈대를 떠올리고 거기에 맞춰 다양한 단어나 표현을 바꿔 쓰면 말하기가 훨씬 쉬워집니다.

그리고 TV를 시청하거나 책을 읽거나 혹은 다른 사람에게 배우는 등 방법은 다양하며 자신에게 맞는 방법으로 언어의 뼈대에 맞춰 단어 수를 늘려 나가면 됩니다.

이 책에서 소개하는 '마법의 A4 한 장'도 영어의 뼈대에 맞춰 여러분이 직접 새로운 단어를 넣어 가며 어휘를 효율적으로 학습할 수 있도록 설계되었습니다.

어휘력을 키우는 방법은 자신의 학습 스타일과 목표에 따라 적절한 방법을 선택하세요. 예를 들어 토익 시험을 준비하는 사람은 문제집을 활용할 수 있고 해외 드라마나 영화를 좋아하는 사람은 영상을 시청하면서 단어를 익힐 수 있겠지요.

과거에 '모르는 단어를 사전에서 찾아 노트에 정리하는' 공부 방법에 얽매이지 마세요. 요즘은 영어 공부에 적합한 다양한 도구와 매체가 많이 있습니다. OTT(Over The Top) 서비스를 이용해 영화나 TV 프로그램을 시청하면서도 학습할 수 있습니다. 유용한 애플리케이션을 활용하는 방법도 있지요.

긴장을 풀고 자신에게 가장 효과적인 방법을 찾아 꾸준히 공부하는 자세가 중요합니다.

section 2

'A4 한 장'의 기본적인 사용법

이제 '마법의 A4 한 장'의 기본 사용법을 알아보겠습니다. 먼저 이 A4 한 장을 펼쳐 보세요.

A4 한 장은 파트 A부터 D까지 총 4부분으로 나뉘어 있습니다.

- 파트 A : 4가지 시제 연습
- 파트 B : 동사구 목록
- 파트 C : 문장 앞에 붙이는 표현
- 파트 D : 문장 뒤에 붙이는 표현

파트 A : 4가지 시제 연습

파트 A에서는 시제를 다음과 같이 4가지로 정리하고 있지요.

- ① 평소 상황·습관 = 현재형
- ② 현재 진행 중인 상황·일시적 사건 = 현재진행형
- ③ 과거 = 과거형
- ④ 미래 = 미래형

시제는 영어회화의 기본입니다. 제1장에서 자세히 다룰 예정이니 여기서는 대략적으로만 이해하셔도 됩니다.

파트 B : 동사구 목록

파트 B에서는 다음과 같은 동사구를 정리해 두었습니다.

- **go home** 집에 가다
- **meet the deadline** 마감 기한에 맞추다

앞서 '동사는 덩어리로 인식해야 한다'고 언급한 적이 있지요. 그 '덩어리'로 익혀야 할 동사 표현을 정리한 부분이 바로 파트 B입니다.

파트 C와 파트 D : 문장 앞·뒤에 붙이는 표현

파트 A와 파트 B를 조합하여 만든 문장의 앞이나 뒤에 붙이는 표현은 파트 C와 파트 D에 정리되어 있습니다. 문장 앞에 붙이는 표현은 파트 C에서, 문장 뒤에 붙이는 표현은 파트 D에서 확인할 수 있습니다.

① 짧은 단문을 만든다

A4 한 장을 활용하여 먼저 짧은 단문을 만들어 볼까요? 자세한 내용은 이후 장에서 다룰 예정이니 여기서는 A4 한 장을 활용하여 어떤 문장을 만들 수 있는지 정도만 알아 두세요.

그러면 연습해 봅시다. 예를 들어 "그는 직업이 있어요"라는 문장을 영어로 어떻게 표현할까요?

He has a job.일까요?
아니면 He is an office worker.일까요?

사실 더 간단하고 쉬운 방법이 있습니다. A4 한 장으로 공부하면 이런 표현이 자동으로 입에서 튀어나올 것입니다.

먼저 파트 A를 보세요. '직업이 있어요'는 어느 시제에 해당할까요?

- 평소 상황·습관
- 현재 진행 중인 상황·일시적 사건
- 과거
- 미래

이 4가지 중에서 첫 번째인 '평소 상황·습관'에 해당합니다. 파트 A의 내용에 따르면 현재형을 써야 하므로 다음과 같이 표현할 수 있겠지요.

He works.
그는 일을 하고 있어요.

이 간단한 문장만으로도 의미가 충분히 전달됩니다.

그렇다면 "그녀는 머리를 잘랐어요"라는 문장을 영어로 어떻게 표현할까요?

'잘랐어요'는 과거의 일을 나타내므로 파트 A에서 과거형을 선택해야 합니다.

'머리를 자르다'는 파트 B에 나오는 표현 중 get a haircut으로 이것을 파트 A의 과거형과 조합하면 다음과 같은 문장이 만들어집니다.

She got a haircut.
그녀는 머리를 잘랐어요.

A4 한 장을 활용한 영어 공부는 바로 이렇게 간단합니다. 너무 쉽고 간단하다고 느껴지나요?

사실 이 방법을 몇 번 반복하면 비원어민이 가장 어려워하는 개념 중 하나인 '시제'에 대한 감각을 빠르게 익힐 수 있습니다.

파트 A의 사용법과 시제에 관해서는 제1장에서 상세하게 다룰 예정입니다.

② 단문 앞에 파트 C를 붙인다

이어서 "그가 일을 하고 있어 다행이에요"라는 문장을 영어로 표현해 볼까요?

앞서 He works.(그는 일을 하고 있어요.)라는 문장을 만들어 봤지요. 파트 C에서 적절한 표현을 찾아 그 문장 앞에 붙이기만 하면 됩니다.

I'm glad ~
~해서 다행이다

한번 더 정리해 볼까요?

I'm glad + he works.

I'm glad he works.
그가 일을 하고 있어 다행이에요.

파트 A와 파트 B를 조합하여 만든 문장 앞에 파트 C에서 선택한 덩어리 표현을 덧붙이기만 하면 됩니다.

이와 같은 방법으로 "그녀가 머리를 잘라서 너무 아쉽네요"라는 문장도 만들 수 있습니다.

앞서 만든 She got a haircut.이라는 문장 앞에 덧붙일 적절한 표현을 파트 C에서 찾아보세요.

It's too bad ~
~하다니 너무 아쉽다

정리하면 다음과 같습니다.

It's too bad + she got a haircut.

It's too bad she got a haircut.
그녀가 머리를 잘라서 너무 아쉽네요.

파트 A와 파트 B를 조합하여 만든 문장 앞에 덩어리 표현을 덧붙이기만 하면 문장이 완성됩니다.

파트 C를 활용하여 문장 앞에 덩어리 표현을 붙이는 방법은 제4장에서 자세히 다루어 보도록 하겠습니다.

③ 문장과 문장을 연결한다

이제 "비가 오고 있어서 가지 않을 거예요"라는 문장을 영어로 표현해 보겠습니다. 이런 말을 할 때는 파트 C에 있는 but, because, so 혹은 if, when, before 등을 활용합니다. ('비가 오다'처럼 날씨를 나타내는 동사 활용법은 제1장의 Section 5를 참고하세요.)

파트 A와 파트 B를 참고하면 '가지 않을 거예요'라는 문장은

I'm not going to go. (미래·부정)

'비가 오고 있어요'라는 문장은

It's raining. (현재진행·긍정)

이 두 문장을 연결하는 표현은 파트 C에서 찾을 수 있습니다.

because
~이기 때문에, ~해서

이 표현을 활용하여 두 문장을 연결하면 다음과 같은 문장이 완성됩니다.

I'm not going to go because it's raining.
비가 오고 있어서 가지 않을 거예요.

그렇다면 "우리는 헤어졌지만 다시 만날 거예요"라는 문장을 영어로 어떻게 표현할까요? 다시 한번 A4 한 장을 살펴보세요.

파트 A와 파트 B를 참고하여 '우리는 헤어졌어요'라는 문장을 만들면

We broke up. (과거·긍정)

'다시 만날 거예요.'라는 문장은

We're going to get back together. (미래·긍정)

이렇게 만든 두 문장을

but
그러나

으로 연결하기만 하면 완성됩니다.

We broke up but we're going to get back together.
우리는 헤어졌지만 다시 만날 거예요.

파트 C를 활용하여 문장과 문장을 연결하는 방법은 제5장에서 구체적으로 살펴보겠습니다.

④ 단문 뒤에 파트 D를 붙인다

마지막으로 "콘택트렌즈를 낀 채로 잠들었어요"라는 문장을 영어로 어떻게 표현할까요?

이번에는 파트 D에서 적절한 표현을 찾아 파트 A와 파트 B를 활용하여 만든 문장 뒤에 덧붙여 볼 차례입니다.

파트 A와 파트 B를 참고하여 문장을 만들어 보면 다음과 같습니다.

I went to bed. (과거·긍정)
잠들었어요.

여기에

wearing contacts
콘택트렌즈를 낀 채로

라는 표현을 파트 D에서 찾아 덧붙이면 문장이 완성됩니다.

I went to bed + wearing contacts.

I went to bed wearing contacts.
콘택트렌즈를 낀 채로 잠들었어요.

한번 더 연습해 볼까요?
"그는 항상 피곤한 상태로 집에 돌아와요"라는 문장을 만들어 봅시다.

먼저 파트 A와 파트 B를 조합하여 간단한 문장을 만들어 보세요.

He comes home. (평소의 상황·긍정)
그는 집에 돌아와요.

그리고 의미에 맞는 표현을 파트 D에서 찾아 덧붙이면 완성입니다.

tired
피곤한

다음과 같이 정리할 수 있겠네요.

He comes home + tired.

He comes home tired.
그는 항상 피곤한 상태로 집에 돌아와요.

파트 A와 파트 B를 조합하여 만든 문장 뒤에 파트 D의 표현을 덧붙이기만 하면 자연스러운 문장이 완성됩니다.

파트 D를 활용하여 문장 뒤에 덩어리 표현을 붙이는 방법은 제6장에서 설명하겠습니다.

section 3
인지 신경과학적 관점에서 보는 A4 한 장 공부법

'마법의 A4 한 장' 사용 요령

앞서 살펴본 바와 같이 '마법의 A4 한 장'만으로도 많은 영어 표현을 손쉽게 만들 수 있습니다. 더욱이 이 모든 표현은 원어민에게도 자연스럽게 전달되는 영어입니다!

A4 한 장을 보지 않고도 그 방대한 양의 표현을 언제 어디서든 자유자재로 구사할 수 있다면 얼마나 좋을까요?

그러기 위해서는 자신이 만든 표현을 입 밖으로 소리 내어 훈련하는 것이 중요합니다.

실제로 저는 A4 한 장을 사용하여 영어를 가르치고 있습니다. 이 공부법을 처음 접하는 학생들 중에는 "틀에 얽매이지 않고 자유롭게 말하고 싶어요"라고 하는 사람들도 있습니다.
그럴 때 저는 "자유롭게 말하려고 하면 영어가 오히려 어렵고 어색해질 수 있어요"라고 답해 줍니다.

'영어의 틀'을 모르는 사람은 아무리 노력해도 자유롭게 말하기 어렵습니다. 그들은 자신의 머릿속에 있는 '모국어의 틀'에 맞춰 영어를 사용하기 때문에 말을 구성하는 데 많은 시간이 소요되며 결과적으로 어색하고 부자연스러운 표현을 많이 사용하게 됩니다. 이러한 상황은 영어로 말하는 것 자체를 부담스럽고 피곤하게 느끼게 만들 수 있습니다.

그러므로 '영어의 틀'을 익히는 것이 무엇보다 중요합니다. '영어의 틀'을 완벽하게 익혀 두면 하고 싶은 말을 뇌가 자동으로 그 틀에 맞춰 구성해 줍니다. 이렇게 되면 영어를 쉽고 빠르게 말할 수 있습니다. 이것이 바로 진정한 의미의 '자유롭게 말하기'가 아닐까요?

먼저 자연스러운 영어회화의 틀을 익히도록 하세요. 자유롭게 말하기는 그 이후에도 충분히 가능합니다.

예를 들어 칼을 만들 때도 먼저 그 형태부터 만들겠지요. 그런 다음 그것을 불에 달구고 두드려서 충분히 단련한 뒤에 실제로 사용합니다.

그와 마찬가지로 영어회화에도 '틀'이 있다는 사실을 이해하고 처음에는 의도적으로 그 틀에 맞춰 훈련해야 영어를 자연스럽게 사용하는 습관을 형성할 수 있습니다.

뇌의 신경 회로와 시냅스

저는 왜 '영어를 잘하려면 가장 먼저 영어의 뼈대와 틀'을 익혀야 한다고 생각하게 되었을까요? 그 이유에 대해 이야기하고자 합니다.

저는 대학에서 인지 신경과학을 전공했으며 그때 배운 지식을 바탕으로 '마법의 A4 한 장'을 만들었습니다.

인간의 뇌는 무수히 많은 '신경 세포(뉴런)'로 이루어져 있습니다. 이러한 세포들은 '시냅스'라고 불리는 연결 지점을 통해 화학물질을 주고받으며 '신경 회로'를 형성합니다. 간단히 말하면 이 신경 회로는 사람의 '사고 회로'가 되는 것입니다.

흥미로운 사실은 뇌 안의 동일한 신경 회로, 즉 동일한 사고 회로를 사용할수록 해당 회로가 강화된다는 점입니다. 시냅스는 이러한 사고 회로를 더 활발하게 사용할수록 더 강화됩니다.

비유하자면 어느 한 지점으로 계속 물이 흐르면 도랑이 생기겠지요. 도랑이 생기면 더 많은 물이 그곳으로 흐르게 되고 그로 인해 처음에는 작았던 도랑이 점점 더 커지고 깊어져 나중에는 강이 되는 이치와 같습니다.

하지만 이러한 접근법에는 장단점이 있습니다.

예를 들어 골프를 처음 시작하는 사람이 스윙 자세를 잘못 배워 계속 그 자세로 치면 나쁜 습관이 몸에 배어 나중에는 더 이상 고치기 어려워집니다. 그러나 반대로 바른 자세로 치기 시작하면 좋은 습관이 몸에 자연스럽게 배어 의식하지 않아도 항상 바른 자세를 유지하게 되겠지요.

마찬가지로 평소 부정적인 생각을 자주 하는 사람은 부정적인 사고에 빠지기 쉽습니다. 그에 반해 긍정적인 생각을 자주

하는 사람은 긍정적인 사고를 떠올리기 쉽지요. 자연스럽게 그 방향으로 사고가 발달합니다.

그러면 부정적인 사고 회로가 강화된 사람이 긍정적인 사람으로 변하려면 어떻게 해야 할까요? 한번 강화된 뇌의 신경 회로는 변경할 수 없을까요?

결론부터 말하면 가능합니다. 인간의 뇌는 기존의 회로와는 다른 새로운 신경 회로와 사고 회로를 형성할 수 있습니다.

이를 위해서는 새로운 회로를 반복적으로 사용하여 강화해야 합니다.

그때 필요한 것이 '틀'입니다. 뇌를 자유롭게 놔두면 사고는 기존에 사용한 익숙한 회로를 따라 흐르게 됩니다. 따라서 의도적으로 '틀'을 만들어 새로운 회로를 따라 사고할 수 있도록 훈련을 반복해야 합니다.

새로운 사고 회로와 신경 회로를 형성하는 일은 처음에는 어려울 수 있지만 새로운 회로는 사용할수록 강화되고 반대로 기존의 회로는 사용하지 않을수록 약화되어 점점 더 쉬워집니다.

영어 실력이 늘지 않는 사람이나 영어 공부가 어렵게 느껴지는 사람은 더 쉽고 효율적으로 그리고 더 즐겁게 공부할 수 있는 새로운 사고 회로를 개발해야 합니다. 이를 위해서 필요한 '틀'을 고안하여 만든 것이 바로 이 책에서 소개하고 있는 '마법의 A4 한 장'입니다.

영어 회로를 형성하기 위해서는

영어의 사고 회로를 형성하기 위해서는 그 신경 회로를 자주 사용해야 합니다. 이것은 영문법이나 영어 해석 이론을 기초부터 공부하라는 의미가 아닙니다.

마치 피아니스트가 음악 이론을 철저하게 공부하며 연주하지 않는 것과 같습니다. 피아노 건반 위에 손을 올리면 손가락이 자연스럽게 움직일 때까지 매일 여러 시간을 연습하겠지요.

영어회화에도 동일한 원리가 적용됩니다. 원어민 앞에서 영어가 자연스럽게 술술 나올 때까지 끊임없이 소리 내어 훈련해야 합니다.

A4 한 장을 활용하여 영어로 생각하고 말하는 훈련을 꾸준히 하면 뇌에 '영어 회로'가 형성되어 자연스러운 회화가 가능해집니다.

실제로 제가 가르친 학생들 중에서도 A4 한 장을 활용하여 훈련한 사람과 그렇지 않은 사람 간에 뚜렷한 차이를 보였습니다. 마치 피아노 연습을 성실히 하는 사람과 그렇지 않은 사람 간의 결과 차이와 비슷한 원리입니다.

소리 내어 말하는 훈련을 반복하면 모국어를 사용할 때와는 다른 영어의 사고 회로·템플릿에 맞춰 생각하고 말하게 됩니다. 이로써 원어민과 같은 영어식 사고를 습득할 수 있습니다.

section 4
모국어를 영어로 옮기는 습관이 낳는 문제점

① 표현이 바로 생각나지 않는다!

영어로 대화할 때 비원어민은 자신도 모르게 영문법을 떠올리지요. 그들은 원어민처럼 자연스러운 표현보다는 문법적으로 올바른 표현에 더 많은 신경을 씁니다.

시험 점수를 위해 영문법이나 영문 해석을 중점적으로 공부했기 때문에 적절한 표현이 바로 떠오르지 않는 것은 어쩔 수 없는 일입니다. 이는 이런 학습 방법과 관련이 있습니다.

생각해 보세요. 모국어를 사용할 때 여러분은 문법을 생각하면서 말하나요? 대부분 그렇지 않지요. 영어를 사용하는 원어민도 마찬가지입니다. 문법을 일일이 따져 가며 말하는 사람은 거의 없습니다. 문법학자가 아니라면 지나치게 문법에 신경 쓸 필요는 없습니다.

또 다른 이유는 자신의 모국어 수준과 영어 수준 사이의 차이 때문입니다. 그래서 어려운 영어 표현을 자신도 모르게 사용하려고 하지요.

자유자재로 구사할 수 있는 모국어로 생각한 문장을 영어로 옮기면 어려운 표현이나 복잡한 문장이 만들어질 수 있습니다. 높은 수준의 모국어로 생각한 문장을 그에 미치지 못하는 영어 실력으로 옮기는 것은 상당히 어려운 일이지요.

② 어색한 표현을 쓴다!

모국어로 떠올린 문장을 억지로 영어로 옮기려고 하면 원어민이 사용하지 않는 어색한 표현이 되어 자신의 생각을 명확하게 전달하지 못할 수 있습니다.

예를 들어 영어를 처음 공부하는 사람이 "쇼핑은 언제나 명동이죠"라는 말을 한다고 가정해 봅시다. 어쩌면 이런 문장을 생각해 낼지도 모르겠네요.

My shopping is always Myeong-dong.

이것은 매우 어색한 표현입니다. 이렇게만 말해도 충분합니다.

I go shopping in Myeong-dong.

시제를 다루는 제1장에서 자세히 설명하겠지만 학교에서는 교육 과정에 따라 영어 수업을 진행합니다. 이에 따라 각 학년마다 현재형, 과거형, 현재완료형 등을 차례대로 배우게 됩니다. 영어에서 가장 중요한 시제조차도 학년별로 따로따로 배우지요.

그 결과 교사는 아직 가르치지 않은 문법 항목을 배제하고 예문을 만들게 되며, 학생들은 원어민이 사용하지 않는 어색한 표현을 배우기도 합니다.

예를 들어 원래 진행형으로 표현해야 할 문장을 '아직 진행형을 배우지 않았다'는 이유로 현재형을 사용하는 경우도 있습니다. 이러한 어긋남은 지금까지도 계속되고 있습니다.

③ 쉽게 몸에 배지 않는다!

실제로 중고등학교 수준의 영단어만으로도 말할 수 있는 표현은 꽤 많습니다. 하지만 영어가 몸에 배지 않는 이유는 모국어와 영어 표현을 일대일로 대응하려고 하기 때문입니다. 영어를 공부하는 사람들 중에는 단어 학습에 지나치게 집착하는 경우가 많습니다. 사실 회화를 할 때는 단어 사용에 대해 크게 걱정할 필요가 없습니다.

예를 들어 "회사에 다녀요"라는 간단한 문장을 영어로 표현하려고 할 때 '다니다'에 해당하는 영단어가 무엇인지 고민해 본 적이 있나요?

I go to work.

'가다', '다니다', '향하다' 모두 go를 쓰면 됩니다. 간단하지요?
우리가 영단어를 필요 이상으로 어렵게 생각하고 있음을 보여주는 에피소드를 하나 들려줄게요.

예전에 한 학생과 이런 대화를 나눈 적이 있습니다.
"선생님, '글피'를 영어로 어떻게 표현하나요?"
"음, '글피'를 뜻하는 영단어는 없는데…."
"그러면 '글피'라고 말하고 싶을 때는 어떻게 해야 하나요?"

여러분은 어떻게 생각하시나요? 비원어민은 '글피'에 해당하는 영단어를 찾으려고 하지만 원어민은 다르게 생각합니다.

"오늘이 금요일이니까 글피는 월요일이겠네. 그러면 '월요일에(On Monday)'라고 말하면 되잖아."
"그냥 '사흘 후(In three days)'라고 말해도 되겠네."

이런 사고방식이 필요합니다.

영어 학습에서 가장 큰 장애물은 모국어에 집착하는 것입니다. 말을 할 때 모국어가 아니라 영어로 시작하면 말하기가 한결 쉬워질 것입니다.

학교에서 배운 방식에서 벗어나자

요즘에는 영어 학원, 유튜브, 학습 애플리케이션 등 다양한 방법으로 영어회화를 공부할 수 있습니다. 물론 시험공부를 할 때와 마찬가지로 참고서를 보며 공부하는 방법도 있지요. 중요한 것은 영어로 사고하는 데 도움이 되는 방법을 찾아 실천하는 것입니다.

앞서 지적한 문제점을 해결하기 위해서는 모국어로 생각하는 것을 멈추고 영어로 생각하는 훈련을 해야 합니다. 즉 일상 속에서 영어로 생각하고 말해 보면서 영어를 자연스럽게 습관화해야 합니다.

상대성 이론으로 유명한 물리학자 아인슈타인은 이런 말을 했습니다.

"똑같은 일을 반복하면서 다른 결과를 기대하는 것은 미친 짓이다."

지금까지 아무리 노력해도 여전히 영어회화에 자신 없는 분들은 이 책을 통해 영어로 생각하는 훈련을 해 보세요.

여러분의 학습을 도와 줄 '마법의 A4 한 장'을 펼치고 바로 시작해 보세요!

제 1 장

영어의 기본, '시제' 완전 정복

section 1

영어에서는 '시제'가 가장 중요하다!

4가지 기본 시제

영어로 말할 때는 시제를 적절히 사용하는 것이 매우 중요합니다. 'A4 한 장'의 파트 A를 보면 시제는 다음과 같이 분류되어 있습니다.

- 평소 상황·습관 = 현재형
- 현재 진행 중인 상황·일시적 사건 = 현재진행형
- 과거 = 과거형
- 미래 = 미래형

이 4가지 시제를 확실하게 이해하고 익히는 것이 영어식 사고 회로를 만드는 첫걸음입니다.

현재형과 현재진행형의 차이

현재형이라고 하면 '지금 일어나고 있는 일'이라고 생각할 수 있습니다. 하지만 현재형은 '평소에 일어나고 있는 일반적 상황'이나 '습관'을 나타냅니다.

현재형은 영문법의 기본 중의 기본이지만 많은 사람들이 오해하고 있는 부분이기도 합니다. 현재형은 지금 그 동작을 하고 있는지 아닌지와는 관계가 없습니다.

반면에 현재진행형은 '현재 진행 중인 상황'이나 '일시적으로 일어나고 있는 사건'을 나타냅니다.

두 시제를 비교해 볼까요? 먼저 현재형 문장을 살펴봅시다.

I wear makeup.

이 문장은 '평소에 화장을 해요'라는 뜻으로 현재 화장을 하고 있는 상태인지 아닌지와는 관계가 없습니다.

현재진행형 문장을 살펴볼까요?

I'm wearing makeup.

이 문장은 '지금 화장을 하고 있어요'라는 뜻입니다. 평소에 화장을 하는 사람인지 아닌지와는 상관없이 쓸 수 있습니다.

과거형과 미래형

과거형은 글자 그대로 과거에 일어난 일을 나타냅니다. 1초 전의 일이든 100년 전의 일이든 모두 과거형으로 표현합니다.

미래형은 당연히 앞으로 일어날 일을 나타내겠지요. 1초 후의 일이든 100년 후의 일이든 모두 미래형으로 표현해야 합니다.

미래형의 3가지 표현

이미 아시겠지만 미래를 나타내는 표현에는 will도 있습니다. 하지만 사실 will은 언제든 쓸 수 있는 표현은 아닙니다.

영어에서 미래를 나타내는 방법은 3가지가 있습니다.

- **will** : 말하는 순간 결정된 일(그럼 ~할 것이다), 정해지지 않은 일 (~할 것이다)
- **현재진행형** : 확정된 미래의 일, 이미 계획한 일(~하려고 하다)
- **be going to** : 언제든 쓸 수 있는 미래형 표현

이제 예문을 통해 더 자세히 알아봅시다.

I will play tennis tomorrow.
그럼 내일 테니스를 칠 거예요.

I'm playing tennis tomorrow.
내일 테니스를 치려고 하는데요.

그리고 어느 의미로든 쓸 수 있는 표현이 있지요.

I'm going to play tennis tomorrow.
그럼 내일 테니스를 칠 거예요. / 내일 테니스를 치려고 하는데요.

이렇게 be going to는 말하는 순간 즉흥적으로 결정된 일이든 이미 예정된 일이든 상관없이 쓸 수 있습니다.

파트 A '4가지 시제 연습'의 활용법

영어로 무언가를 말하고 싶을 때는 다음과 같은 순서를 생각해야 합니다.

- Step 1   4가지 시제 중 하나를 선택한다.
- Step 2   긍정형, 부정형, 의문형 중 하나를 선택한다.

A4 한 장을 활용하여 문장을 만들 때도 이 순서를 머릿속에 떠올리세요.

Step 1 말하고자 하는 내용이 어떤 시제에 해당하는지 생각한 후 4가지 시제 중에서 하나를 선택합니다. 이때 단어가 아니라 내용을 기준으로 판단해야 합니다.

예를 들어 현재를 기준으로 앞으로의 일을 말할 때는 미래형, 지나간 일을 말할 때는 과거형을 쓰면 되겠지요.

Step 2 긍정형, 부정형, 의문형 중에서 하나를 선택합니다. 예를 들어 A4 한 장의 파트 A에 다음과 같은 문장이 있습니다.

Does he work?

work는 단지 예시일 뿐입니다. 실제로 말하고 싶은 내용을 파트 B에서 선택하여 work 대신 넣어 말하면 됩니다.

이 두 단계를 꾸준히 연습하면 영어로 생각하는 방법을 익힐 수 있습니다.

언어를 습득하기 위해서는 예문을 단순히 암기하는 것이 아니라 그 예문의 뼈대가 되는 '틀'을 머릿속에 넣어 둬야 합니다. 다양한 내용을 동일한 틀에 맞춰 넣고 반복 연습하는 것이 그 틀을 익히는 가장 효과적인 방법입니다.

그러면 연습을 조금 더 해 볼까요?

한국어를 영어로 그대로 옮기지 말고 Step 1과 Step 2를 떠올려 보세요.

Q. "승진을 못할 것 같아요"라는 문장을 영어로 어떻게 표현할까요?

시제? → 미래
긍정? 부정? 의문? → 부정

파트 A에 따르면 미래형의 부정문은 I'm not going to를 써야 합니다. 따라서 다음과 같은 문장을 완성할 수 있겠지요.

I'm not going to get promoted.
승진을 못할 것 같아요.

보통 '~할 것 같다 / ~할 수 없을 것 같다'라고 하면 이 표현을 떠올립니다.

seem to

'할 수 없다'는

not be able to

이므로 다음과 같이 표현하는 사람도 있겠지요.

I seem to not be able to get promoted.

하지만 이 문장은 다소 어색합니다. 앞서 언급한 I'm not going to get promoted.가 훨씬 더 자연스러운 표현이지요.

중요한 것은 이것이 미래형의 부정문이라는 사실을 기억하는 것입니다. 한국어의 '~할 것 같다 / ~할 수 없을 것 같다'와 같은 표현을 그대로 영어로 옮기려고 하면 영어의 중요한 요소인 '시제'를 무시하는 결과를 초래할 수 있습니다. 실제로 위에서 언급한 문장은 미래의 일을 나타내지만 I seem to not be able to ~는 현재형으로 썼지요.

시제에 엄격한 영어

시제는 영어에서 한국어보다 훨씬 더 세밀하게 구분됩니다. 한국어에서는 동일한 형태로 현재, 현재진행, 미래 그리고 과거의 일까지 표현할 수 있습니다.

서술부에 주목하면서 다음 문장을 읽어 보세요.

- 평소에 뭐하세요? (평소 상황)
- 지금 뭐하세요? (현재 진행 중인 상황)
- 내일 뭐하세요? (미래)
- 이미 해 봐서 알아요. (과거)

하지만 영어에서는 다음과 같이 각 시제를 반드시 구분해서 써야 합니다. 각 시제마다 달라지는 형태를 확인해 보세요.

- **What do you do?** (평소에 뭐하세요?)
- **What are you doing?** (지금 뭐하세요?)
- **What are you going to do tomorrow?** (내일 뭐하세요?)
- **I understand because I did it before.** (이미 해 봐서 알아요.)

부정문을 쓸 때도 마찬가지입니다.

예를 들어 한국어에서 '하지 않는다'는 표현은 '지금 하지 않는다'는 의미나 '평소에 하지 않는다'는 의미로 쓰일 수 있으며 시제를 엄격하게 구분하지 않습니다.

그러나 영어로 표현할 때는 이러한 시제를 반드시 명확하게 구분해야 합니다.

- **I'm not doing it.** (지금 하고 있지 않아요.)
- **I don't do it.** (평소에 하지 않아요.)
- **I didn't do it yesterday.** (어제는 하지 않았어요.)

또한 한국어에서는 미래의 일을 상대적으로 자유롭게 표현할 수 있습니다.

다음 두 문장을 비교해 볼까요? 미래의 사건을 서술할 때도 동사의 형태가 변하지 않음을 알 수 있습니다.

- 늘 5시에 일어나요. (평소 상황)
- 내일은 5시에 일어나요. (미래)

반면에 영어에서는 반드시 다른 시제를 써야 합니다.

- **I get up at 5.** (늘 5시에 일어나요.)
- **I'm going to get up at 5 tomorrow.**
  (내일 5시에 일어날 거예요.)

point

4가지 시제의 활용법에 관한 아래 영상을 확인해 보세요.

단어 고민을 할 필요가 없는 이유

　영어는 시제를 세세하게 구분해 쓰는 반면에 한국어는 의미에 따라 단어를 세분화해 쓰는 특징이 있습니다.

　예를 들어 한국어에서 '가다', '다니다', '향하다'는 각각 다른 의미로 구분되어 쓰이지만 영어에서는 이 모든 표현을 go로 통일하여 씁니다.

　마찬가지로 '생명', '인생', '생활'과 같은 한국어 단어도 영어에서는 모두 life로 표현됩니다.

　다음에 나오는 두 문장을 비교해 보세요.
　"헬스장에 <u>다니고 있어요</u>"라는 문장을 영어로

I go to the gym.

"헬스장에 가고 있어요"라는 문장을 영어로

I'm going to the gym.

이라고 표현합니다. '다니고 있어요'는 평소에 일어나고 있는 일반적 상황을, '가고 있어요'는 현재 진행 중인 상황을 나타냅니다.

한국어에서는 두 문장의 시제 구분이 뚜렷하지 않지만, 영어에서는 I go와 I'm going으로 시제를 명확하게 구분합니다.

반면에 한국어에서는 '다니다'와 '가다'로 단어를 구분하지만 영어에서는 두 문장 모두 go로 표현되므로 이러한 구분이 없습니다.

이처럼 영어와 한국어는 구분 방식이 서로 다릅니다. 영어는 시제의 구분에 중점을 두는 반면에 한국어는 단어의 구분에 더 많은 중점을 둡니다.

따라서 영어 학습 시 한국어의 관점에서만 접근하면 영어의 중요한 특성을 놓칠 수 있습니다.

예를 들어 한국어의 '다니고 있어요'를 영어로 옮길 때는 평소의 습관이나 행동을 나타내는 현재형을 써야 합니다. 하지만 '다니고 있어요'라는 표현에만 집중하다 보면 진행형으로 잘못 쓸 수 있습니다.

또한 한국어에서 단어가 세분화되어 있는 탓에 '다니다'에 해당하는 정확한 영단어를 찾으려 하다가 대화의 흐름을 놓칠 수도 있습니다. 실제로는 초등학생도 아는 간단한 단어 go를 쓰면 됩니다.

한국어와 영어의 이러한 차이점을 이해하고 영어로 생각하는 습관을 기르면 영어를 더 쉽고 자연스럽게 구사할 수 있습니다.

문법보다는 틀에 맞춰 말한다!

일본어를 배우기 시작했을 때 여러분이 영어를 배울 때와 마찬가지로 저도 문법 위주로 공부했습니다. 4년 동안 많은 세부적인 문법 사항을 열심히 공부했지만 간단한 문장 하나를 만드는 것조차 어려웠습니다.

예를 들어 "가고 싶지 않으면 안 가도 돼요"라는 문장을 문법적으로 분석한다면 다음과 같이 여러 복잡한 단계를 거쳐야 합니다.

- ① '가다'를 적절하게 활용한 뒤 보조용언 '싶다'를 덧붙인다.
  → 가고 싶다
- ② '가고 싶다'를 부정형으로 바꾼다. → 가고 싶지 않다
- ③ '가고 싶지 않다'에 가정을 의미하는 '~하면'을 붙인다.
  → 가고 싶지 않으면
- ④ '가다'를 부정형으로 바꾼다. → 안 가다
- ⑤ '안 가다'에 '~해도'를 붙인다. → 안 가도
- ⑥ 허락의 의미를 지닌 '되다'를 덧붙인다. → 안 가도 돼요

"가고 싶지 않으면 안 가도 돼요"와 같은 간단하고 일상적인 문장을 문법에 따라 만들려고 하면 많은 요소를 고려해야 합니다.

그래서 문득 '문법을 분석하여 말의 덩어리와 틀로 생각하는 방식'이 더 간단하고 효과적일 것 같다는 생각이 들었습니다.

~ 하고 싶지 않으면 + ~ 하지 않아도 되다

이러한 틀을 머릿속에 넣어 두면 바로 말로 표현할 수 있게 됩니다. 어떤 언어의 원어민이든 문법을 세세하게 분석하기보다는 이런 방식으로 사고하는 경향이 있을 것입니다.

"동사의 기본형 '가다'를 활용한 뒤 보조용언 '싶다'를 붙여야겠다"고 생각하면서 말하지는 않겠지요.

- ~ 하고 싶지 않으면 에 '가고', '먹고', '말하고' 등을 넣는다.
- ~ 하지 않아도 돼 에 '가지', '먹지', '말하지' 등을 넣는다.

이것이 바로 말의 틀입니다.

이와 관련하여 '왜?'라는 질문은 그리 중요하지 않습니다. 중요한 것은 '여기에는 이런 동사가 들어가는구나'라는 사실을 아는 것입니다.

"왜 '가고 싶지 않으면'이라고 말하면 안 될까?"
"왜 '가지 않아도 돼'라고는 말하지 않을까?"

누군가가 이렇게 묻는다면 뭐라고 답할 수 있을까요?
영어도 마찬가지입니다.

'이때는 동사원형을 쓴다', '여기서는 동사의 -ing형을 쓴다' 등을 외워 두면 말할 때 문법을 일일이 생각하지 않아도 자연스럽게 말할 수 있습니다. 그러기 위해서는 다양한 표현을 틀에 맞춰 연습하는 것을 반복해야 합니다.

'지식'을 뇌에 의식적으로 집어 넣는 것이 아니라 무의식적으로 뇌가 '감각'에 익숙해지도록 만들어야 합니다.

그러기 위해서는 연습하는 것만큼 효과적인 방법은 없습니다.

section 2

학교 커리큘럼의 문제점

학년별로 따로 배우는 시제

영어는 초등학교부터 정규 교육 과정에 포함되어 점진적으로 배우게 되지만 체계적인 문법 교육은 중학교부터 시작된다고 볼 수 있습니다. 그러나 그 커리큘럼에는 문제점이 있습니다.

중학교 1학년, 2학년 등 학년별로 현재형, 현재진행형, 과거형 그리고 미래형을 배우는 방식은 영어 감각을 익히는 데 큰 도움이 되지 않습니다.

이런 방식의 공부는 영어가 매우 어렵다는 부정적인 인식을 심어 줄 수 있습니다.

미래형을 쓰는 표현이나 to 뒤에 어떤 동사 형태를 쓰는지 등의 내용을 배울 때 많은 학생들이 지루함과 어려움을 느낄 수 있습니다.

학교 커리큘럼의 또 다른 문제점은 예외적 성질을 지닌 be동사와 have를 먼저 배우는 것입니다.

be동사와 have가 예외적 성질을 지닌다고 하는 이유가 무엇일까요? 그 이유는 두 동사가 '현재 상황'을 나타낼 때 일반적으로 현재진행형이 아니라 현재형을 쓰기 때문입니다.

예를 들어 "두통이 있어요"라는 말을 한다고 가정해 봅시다.

I have a headache.

'지금' 두통을 앓고 있다는 의미임에도 불구하고 이를 현재진행형으로 말하지 않습니다.

X I'm having a headache.

"배가 고프네요"라는 말을 할 때도 현재형을 씁니다.

I'm hungry

'지금' 배가 고픈 상황임에도 불구하고 이를 현재진행형이 아니라 현재형으로 말합니다.

X I'm being hungry.

이와 같이 be동사와 have는 '(지금) ~하고 있다'는 의미상으로는 현재진행형을 쓸 것 같은 문장도 현재형으로 쓰는 예외적 성질을 지니고 있습니다.

그럼에도 불구하고 학교의 영어 수업에서는 be동사와 have를 학교 영어 수업의 기초 단계에서 배우게 됩니다. 처음부터 이러한 예외 동사를 배우게 되면 학생들이 혼란을 느낄 수 있으며 동사의 일반적 특성에 대한 잘못된 이해로 이어질 가능성이 있습니다.

그보다는 4가지 시제를 먼저 확실히 이해하고 익히는 것이 더 나을 것 같습니다.

현재, 현재진행, 과거, 미래 등 4가지 시제의 특성과 차이점을 한 번에 묶어 공부한다면 훨씬 더 이해하기 쉽지 않을까요?

section 3

주어 I로 4가지 시제를 연습해 보자

책의 서장에서 본 문장을 다시 한번 생각해 봅시다.
"쇼핑은 언제나 명동이죠"라는 문장을 영어로 어떻게 표현했 었나요?

I go shopping in Myeong-dong.

이것이 정답이지요. 하지만 '쇼핑'이라는 주어에 얽매이면 다음과 같은 어색한 문장이 떠오를 수 있습니다.

Shopping is always Myeong-dong.

한국어에서 '쇼핑'이 주어라고 해서 영어에서도 shopping을 주어로 쓰면 안 되지요. 한국어와 영어 사이에는 생각보다 더 많은 차이점이 있답니다.

하지만 'Step 1 시제', 'Step 2 긍정·부정·의문'을 고려하여 A4 한 장의 틀에 맞춰 문장을 완성하는 방식을 사용하면 두 언어 간의 미묘한 차이에 크게 신경 쓰지 않고도 주어를 I로 하여 I go shopping in Myeong-dong.이라고 올바르게 표현할 수 있습니다. A4 한 장은 바로 이러한 과정을 안내하는 역할을 합니다.

또한 I go shopping만으로도 평소 상황을 나타내는 현재형의 의미를 충분히 전달할 수 있습니다. always를 넣는 것은 단지 강조일 뿐이지요.

이처럼 영어의 기본적인 감각을 익히기 위해 제1장에서는 파트 A를 활용하여 시제 연습을 해 볼 계획입니다.

먼저 A4 한 장을 펼쳐 다음 질문에 답해 보세요. I를 주어로 하여 문장 만드는 방법을 연습해 봅시다!

Q. "설거지를 하는 사람은 언제나 저예요"를 영어로 어떻게 표현할까요?

시제? ——————— 평소의 상황
긍정?부정?의문? ——— 긍정
완성 문장? ——————— **I do the dishes.**

한국어에서 '설거지를 하는 사람'을 주어로 하여 다음과 같이 표현할 수 있지만 이러한 방식은 그다지 자연스럽지 않습니다.

The person who does the dishes is me.

관계대명사를 사용하는 구조로 말해야 할 것 같은 느낌이 들 수 있지만 실제로는 그렇지 않습니다. 한국어와 영어는 완전히 다른 언어이며 역사적으로도 서로 연결되지 않습니다. 억지로 맞추려고 하면 오히려 부자연스러운 표현이 될 수 있습니다.

지금까지 여러 번 강조했듯이 시제를 제대로 표현하지 않거나 한국어 해석에 너무 집착해 부자연스러운 표현을 내뱉지 않도록 주의해야 합니다.

A4 한 장을 보며 어떤 시제가 적절한지, 문장이 긍정·부정·의문 중 어떤 형태인지 생각하면서 원어민처럼 말하는 감각을 익혀 보세요.

Q. "평소 5시에 집에 가고 있어요"를 영어로 어떻게 표현할까요?

시제? ─────────── 평소 상황
긍정?부정?의문? ─── 긍정
완성 문장? ──────── **I go home at 5.**

"평소 5시에 집에 가고 있어요"는 일상적으로 일어나는 행동을 나타내므로 I go home at 5.처럼 현재형을 씁니다.

'집에 가고 있어요'라는 표현에 현혹되어 I'm going home.처럼 진행형을 쓰지 않도록 주의합니다.

Q. "지금 집에 가는 길이에요"를 영어로 어떻게 표현할까요?

시제? ─────────── 현재
긍정?부정?의문? ─── 긍정
완성 문장? ──────── **I'm going home.**

"지금 집에 가는 길이에요"는 '현재 집에 가고 있다'는 의미이므로 진행형이 적합합니다. 여기서 '길'이라는 단어에 집착해 way나 road를 떠올리면 안 되겠지요. 단순히 진행형을 쓰면 됩니다.

Q. "오늘은 집에 가지 않을 거예요"를 영어로 어떻게 표현할까요?

시제? ─────────── 미래

긍정? 부정? 의문? ──── 부정

완성 문장? ─────── **I'm not going to go home.**

미래의 일을 나타내므로 미래형, 부정문이므로 I'm not going to를 씁니다.

Q. "어제는 집에 가지 않았어요"를 영어로 어떻게 표현할까요?

시제? ─────────── 과거

긍정? 부정? 의문? ──── 부정

완성 문장? ─────── **I didn't go home.**

어제의 일을 나타내므로 과거형, '하지 않았다'는 부정의 의미를 지니므로 부정문을 쓰겠지요.

Q. "전 내일 5시에 일어나요"를 영어로 어떻게 표현할까요?

시제? ─────────── 미래

긍정? 부정? 의문? ──── 긍정

완성 문장? ─────── **I'm going to get up at 5.**

Q. "전 평소 5시에 일어나요"를 영어로 어떻게 표현할까요?

시제? ─────────── 평소 상황

긍정? 부정? 의문? ──── 긍정

완성 문장? ─────── **I get up at 5.**

한국어에서는 '평소 5시에 일어나요'와 '내일 5시에 일어나요'를 모두 '일어나요'라고 표현하여 시제 구분이 명확하지 않지만 영어에서는 이와 다릅니다.

Q. "헤어질 생각이에요"를 영어로 어떻게 표현할까요?

시제? ――――――― 미래
긍정?부정?의문? ――― 긍정
완성 문장? ――――――― I'm going to break up.

Q. "헤어질 것 같아요"를 영어로 어떻게 표현할까요?

시제? ――――――― 미래
긍정?부정?의문? ――― 긍정
완성 문장? ――――――― I'm going to break up.

한국어에서는 의미가 약간 다르지만 영어에서는 같은 방식으로 표현됩니다. '헤어질 생각이에요'와 '헤어질 것 같아요' 모두 미래의 일과 긍정을 나타내므로 영어로는 두 경우 모두 I'm going to를 씁니다.

Q. "올해는 스키 타러 가지 않았어요"를 영어로 어떻게 표현할까요?

시제? ――――――― 과거
긍정?부정?의문? ――― 부정
완성 문장? ――――――― I didn't go skiing this year.

'올해는 ~하지 않았다'나 '아직 ~하지 않았다'는 사실상 '지금까지 ~하지 않았다'라는 의미지요. 따라서 이는 과거의 일을 나타내므로 과거형을 써야 합니다.

다음 질문도 생각해 봅시다.

Q. "헤어지지 않았어요"를 영어로 어떻게 표현할까요?

시제? ─────────── 과거
긍정?부정?의문? ──── 부정
완성 문장? ──────── **I didn't break up.**

이 문장도 '지금까지 ~하지 않았다'는 의미를 내포하므로 과거와 부정의 형태로 나타내야 합니다. 만약 이미 헤어진 상태라면 그것은 과거의 사건이 됩니다. 과거의 일을 부정문으로 나타내면 위와 같은 문장이 됩니다.

Q. "야근은 하지 않아요"를 영어로 어떻게 표현할까요?

시제? ─────────── 평소 상황
긍정?부정?의문? ──── 부정
완성 문장? ──────── **I don't do overtime.**

Q. "혼날 것 같아요"를 영어로 어떻게 표현할까요?

시제? ─────────── 미래
긍정?부정?의문? ──── 긍정
완성 문장? ──────── **I'm going to get in trouble.**

Q. "늘 혼나고 있어요"를 영어로 어떻게 표현할까요?

시제? ──────────── 평소 상황
긍정?부정?의문? ──── 긍정
완성 문장? ──────── **I get in trouble.**

이 문장에서도 '~하고 있다'라는 표현에 현혹되지 말고 '늘'이라는 의미를 고려하여 현재형을 써야 합니다.

Q. "마감 기한에 못 맞출 것 같아요"를 영어로 어떻게 표현할까요?

시제? ──────────── 미래
긍정?부정?의문? ──── 부정
완성 문장? ──────── **I'm not going to meet the deadline.**

section 4

다른 주어로 연습해 보자

현재진행형과 미래형 연습

물론 자신에 관한 이야기만 할 수는 없지요! 그래서 I 이외의 다른 주어를 써서 시제 연습을 해 보려고 합니다.

A4 한 장의 파트 A를 다시 살펴보면

- '평소의 상황'과 '과거'가 같은 분홍색 상자로
- '현재진행'과 '미래'가 같은 분홍색 상자로 묶여 있습니다.

후자의 '현재진행'과 '미래' 예문에서는 I'm을 주어로 쓰고 있지요. 이 부분은 오른쪽에 적힌 You're, We're, They're, He's, She's, It's로 바꿔 쓸 수 있습니다.

각 주어와 be동사는 왜 이런 조합이 될까요?
살짝 어렵지만 문법적으로 말하면 be동사의 활용과 관계가 있습니다. 하지만 실제 대화에서는 이론적인 고민을 할 필요가 없습니다. 시험 공부처럼 이론을 따지기보다는 표현을 덩어리로 기억하세요.

예를 들어 'He는 3인칭 단수이므로 be동사 중에서는 is를 써야 한다'라고 일일이 생각하지 않아도 He is를 하나의 덩어리로 기억해 두면 대화할 때 바로 내뱉을 수 있겠지요.

 그리고 영어에서는 I am이라고 말하지 않고 I'm이라고 줄여서 말하듯이

He is ......

가 아니라

He's ......

로 줄여서 말합니다. 이 역시 이론적으로 고민하기보다는 He's라는 표현을 덩어리로 외우세요.

 저는 영어를 가르칠 때 항상 '덩어리'로 기억하라고 강조합니다. 이 방법을 통해 주어와 그에 맞는 be동사를 빠르게 파악하고 문법 이론에 대한 고민을 줄일 수 있습니다.

 그리고 주어와 be동사의 축약형 발음도 함께 익혀 두세요.
 A4 한 장의 파트 A 오른쪽 부분에 각 주어의 축약형이 나와 있습니다. 발음에 신경 쓰면서 다음 예문을 소리 내어 읽어 보세요.

- I'm working.
- You're working.
- We're working.

- They're working.
- He's working.
- She's working.
- It's working.

다음은 부정문입니다.

- I'm not working.
- You're not working.
- We're not working
- They're not working.
- He's not working.
- She's not working.
- It's not working.

이번에는 미래형으로 연습해 볼까요?

- I'm going to go.
- You're going to go.

- We're going to go.

- They're going to go.

- He's going to go.

- She's going to go.

- It's going to go.

- I'm not going to go.

- You're not going to go.

- We're not going to go.

- They're not going to go.

- He's not going to go.

- She's not going to go.

- It's not going to go.

어떠세요?

위의 예문을 반복해서 연습하면 복잡한 생각 없이도 말이 술술 나올 것입니다. 기본적인 틀을 익힌 후에는 다른 동사로 바꿔가며 연습해 보세요.

현재형과 과거형 연습

현재형과 과거형에서는 I'm 대신 I를 쓰므로 You, We, They, He, She, It 등의 주어를 단독으로 쓰는 연습이 필요합니다.

그리고 He, She, It을 현재형 문장의 주어로 쓸 때는 동사 뒤에 -s를 붙입니다.

'3인칭 단수이기 때문에'라는 문법적인 이유보다는 He, She, It이 주어인 문장에서는 '동사 뒤에 -s를 붙인다'고 기억해 두세요. 이와 관련된 예문을 소리 내어 말하며 반복 연습하여 습관으로 만드세요.

처음에는 어려워 보일 수 있지만 조금만 연습하면 금방 익숙해질 것입니다.

I works.나 He work.는 이상하게 들리지요? 이처럼 문법 이론을 생각하면서 말하기보다는 연습을 통해 영어의 '감각'을 자연스럽게 익히는 것이 중요합니다.

그러면 소리 내어 연습해 볼까요?

- I work.
- You work.
- We work.
- They work.

- He works.

- She works.

- It works.

부정문도 연습해 봅시다.

- I don't work.

- You don't work.

- We don't work.

- They don't work.

- He doesn't work.

- She doesn't work.

- It doesn't work.

He, She, It의 부정문에서는 doesn't가 쓰입니다. doesn't에 이미 s가 들어 있으므로 뒤에 오는 동사에는 -s를 붙이지 않지요. 예를 들어 He doesn't works.라고 하면 s가 두 번 들어가는 게 되어 틀린 문장이 됩니다.

과거형에서는 어떤 주어를 쓰더라도 동일한 형태의 동사를 씁니다. -s는 붙이지 않습니다.

과거형의 부정문과 의문문은 동사원형을 쓰므로 간단하지만 긍정문에서는 go → went, get → got, buy → bought처럼 완전히 다른 형태의 동사를 쓰기도 합니다.

동사의 과거형은 외우는 수밖에 없으므로 89쪽의 표를 참고하세요.

과거형 문장도 열심히 연습하여 영어의 감각을 익혀 봅시다!

- I went.
- You went.
- We went.
- They went.
- He went.
- She went.
- It went.

부정문도 소리 내어 읽어 봅시다.

- I didn't go.
- You didn't go.
- We didn't go.

- They didn't go.

- He didn't go.

- She didn't go.

- It didn't go.

이제 파트 B에서 다른 동사를 선택하여 go 대신 넣어 연습해 보세요.

went 대신 바꿔 넣는 동사도 반드시 과거형으로 써야 합니다.

section 5

날씨를 나타내는 동사 활용법

 이제 날씨를 나타내는 동사에 대해 단계별로 살펴볼까요? 예를 들어 날씨를 나타내는 동사로는 '비가 오다'를 뜻하는 동사 rain과 '눈이 내리다'를 뜻하는 동사 snow가 있지요. A4 한 장에 날씨와 관련된 동사가 나와 있지 않지만 제2장 'It을 주어로 쓰는 동사(91쪽 참고)'에 이에 대한 설명이 있습니다. 먼저 rain과 snow를 파트 A에 맞춰 문장을 만드는 연습을 해 보겠습니다. 날씨를 나타내는 동사도 앞서 살펴본 다른 동사와 유사한 원리로 쓰이지만 It을 주어로 한다는 점이 특징입니다.

Q. "지금 비가 오고 있어요"를 영어로 어떻게 표현할까요?

　　시제? ──────── 현재
　　긍정?부정?의문? ─── 긍정
　　완성 문장? ─────── **It's raining.**

Q. "비가 올 것 같네요"를 영어로 어떻게 표현할까요?

　　시제? ──────── 미래
　　긍정?부정?의문? ─── 긍정
　　완성 문장? ─────── **It's going to rain.**

Q. "내일은 비가 올 거예요"를 영어로 어떻게 표현할까요?

시제? ─────────── 미래
긍정?부정?의문? ─── 긍정
완성 문장? ────── It's going to rain.

한국어에서 "비가 올 것 같네요"와 "내일은 비가 올 거예요"는 의미가 크게 다릅니다. 하지만 영어에서는 "곧 비가 올 것 같네요."와 "내일은 비가 올 거예요" 모두 미래와 긍정을 나타내므로 동일한 표현이 됩니다. 다만 후자의 문장에는 tomorrow를 붙일 수 있겠지요.

가끔 사람들이 동사를 –ing 형태로 잘못 써서 It's going to raining.이라고 말하기도 합니다. 하지만 be going to 뒤에는 반드시 동사원형이 와야 하므로 올바른 표현은 It's going to rain.입니다.

Q. "(항상) 비가 오네요"를 영어로 어떻게 표현할까요?

시제? ─────────── 평소 상황
긍정?부정?의문? ─── 긍정
완성 문장? ────── It rains.

It도 He나 She처럼 현재형에서는 동사 뒤에 -s를 붙입니다. rain도 동사이므로 go나 come과 동일한 방식으로 쓰면 됩니다. He comes., She goes. 등 -s를 정확히 붙여 말하는 사람도 rain을 쓸 때 It's rain.으로 잘못 말하는 경우가 있습니다. 하지만 그런 실수는 He's go., She's come.이라고 말하는 것과 마찬가지로 잘못된 표현이니 주의해야 합니다.

Q. "눈이 내릴 것 같진 않네요"를 영어로 어떻게 표현할까요?

시제? ─────────── 미래

긍정?부정?의문? ───── 부정

완성 문장? ────────── **It's not going to snow.**

Q. "하와이에는 눈이 내리지 않아요"를 영어로 어떻게 표현할까요?

시제? ─────────── 평소 상황

긍정?부정?의문? ───── 부정

완성 문장? ────────── **It doesn't snow in Hawaii.**

이 문장도 평소 상황을 나타내므로 동사에 -es를 붙여 It doesn't로 써야 합니다. 이때 Hawaii를 주어로 쓰지 않는 점을 기억해 두세요. 날씨를 나타낼 때는 It을 주어로 쓰고 문장 끝부분에 in Hawaii를 붙여 줍니다.

Q. "호주에는 눈이 내리나요?"를 영어로 어떻게 표현할까요?

시제? ─────────── 평소 상황

긍정?부정?의문? ───── 의문

완성 문장? ────────── **Does it snow in Australia?**

여기서도 평소의 상황을 나타내므로 동사에 -es를 붙여 Does it을 씁니다. 그리고 문장 끝부분에 in Australia를 덧붙여 표현을 완성하세요.

section 6

다양한 예제로 시제를 알아보자

이제 A4 한 장을 활용하여 시제를 구분하는 연습을 해 볼까요? 먼저 다음 항목을 선택하세요.

- 1. 주어
- 2. 시제
- 3. 긍정·부정·의문

Q. "그는 지금 야근 중이에요"를 영어로 어떻게 표현할까요?

주어? ─────────── 그
시제? ─────────── 현재
긍정?부정?의문? ─── 긍정
완성 문장? ───────── **He's doing overtime.**

Q. "그는 야근할 것 같아요"를 영어로 어떻게 표현할까요?

주어? ─────────── 그
시제? ─────────── 미래
긍정?부정?의문? ─── 긍정
완성 문장? ───────── **He's going to do overtime.**

Q. "그는 매일 야근하고 있어요"를 영어로 어떻게 표현할까요?

주어? ─────────── 그
시제? ─────────── 평소 상황

긍정? 부정? 의문? ——— 긍정
완성 문장? ——— He does overtime every day.

Q. "우리는 지금 외식을 하고 있어요"를 영어로 어떻게 표현할까요?

주어? ——— 우리
시제? ——— 현재
긍정? 부정? 의문? ——— 긍정
완성 문장? ——— We're eating out.

Q. "우리는 오늘 저녁 외식을 할 거예요"를 영어로 어떻게 표현할까요?

주어? ——— 우리
시제? ——— 미래
긍정? 부정? 의문? ——— 긍정
완성 문장? ——— We're going to eat out.

Q. "우리는 평소 외식을 하지 않아요"를 영어로 어떻게 표현할까요?

주어? ——— 우리
시제? ——— 평소 상황
긍정? 부정? 의문? ——— 부정
완성 문장? ——— We don't eat out.

Q. "그들은 헤어질 것 같아요"를 영어로 어떻게 표현할까요?

주어? ——— 그들
시제? ——— 미래

긍정? 부정? 의문?	—	긍정
완성 문장?	—	**They're going to break up.**

Q. "우리는 다시 만날 것 같지 않아요"를 영어로 어떻게 표현할까요?

주어?	—	우리
시제?	—	미래
긍정? 부정? 의문?	—	부정
완성 문장?	—	**We're not going to get back together.**

Q. "그는 평소에 집 청소를 하지 않아요"를 영어로 어떻게 표현할까요?

주어?	—	그
시제?	—	평소 상황
긍정? 부정? 의문?	—	부정
완성 문장?	—	**He doesn't clean the house.**

Q. "당신은 평소에 집 청소를 하지 않는군요"를 영어로 어떻게 표현할까요?

주어?	—	당신
시제?	—	평소 상황
긍정? 부정? 의문?	—	부정
완성 문장?	—	**You don't clean the house.**

Q. "어제 그녀는 오지 않았어요"를 영어로 어떻게 표현할까요?

주어?	—	그녀

시제?		과거
긍정?부정?의문?		부정
완성 문장?		**She didn't come.**

Q. "그녀는 평소에 요리하지 않아요"를 영어로 어떻게 표현할까요?

주어?		그녀
시제?		평소 상황
긍정?부정?의문?		부정
완성 문장?		**She doesn't cook.**

Q. "당신은 혼날 것 같네요"를 영어로 어떻게 표현할까요?

주어?		당신
시제?		미래
긍정?부정?의문?		긍정
완성 문장?		**You're going to get in trouble.**

Q. "그는 요리를 하나요?"를 영어로 어떻게 표현할까요?

주어?		그
시제?		평소 상황
긍정?부정?의문?		의문
완성 문장?		**Does he cook?**

Q. "내일 그녀도 오나요?"를 영어로 어떻게 표현할까요?

주어		그녀
시제?		미래

긍정?부정?의문? ── 의문
완성 문장? ── **Is she going to come?**

Q. "당신은 지금 텔레비전을 보고 있나요?"를 영어로 어떻게 표현할까요?

주어? ── 당신
시제? ── 현재
긍정?부정?의문? ── 의문
완성 문장? ── **Are you watching TV?**

Q. "그들은 지금 술을 마시러 가고 있나요?"를 영어로 어떻게 표현할까요?

주어? ── 그들
시제? ── 현재
긍정?부정?의문? ── 의문
완성 문장? ── **Are they going drinking?**

Q. "그들은 헤어졌나요?"를 영어로 어떻게 표현할까요?

주어? ── 그들
시제? ── 과거
긍정?부정?의문? ── 의문
완성 문장? ── **Did they break up?**

Q. "저는 해고되나요?"를 영어로 어떻게 표현할까요?

주어? ── 나
시제? ── 미래

긍정?부정?의문?　──── 의문
　　완성 문장?　────────── **Am I going to get fired?**

Q. "그녀는 헬스장에 다니고 있나요?"를 영어로 어떻게 표현할까요?
　　주어?　──────────── 그녀
　　시제?　──────────── 평소 상황
　　긍정?부정?의문?　──── 의문
　　완성 문장?　────────── **Does she go to the gym?**

한국어에 현혹되어 잘못된 문장을 쓰지 않도록 주의하세요!

section 7

연습을 반복하여 순발력을 높이자

이제 조금 익숙해졌나요?

그렇다면 시제의 템플릿을 통해 뇌에 새로운 신경 회로를 형성해 봅시다. 다시 한번 강조하고 싶은데 다음 3가지에 관한 감각을 익히는 것이 중요합니다.

- 시제?
- 긍정?부정?의문?
- 완성 문장?

다양한 시제와 주어 그리고 긍정, 부정, 의문 형태를 활용하여 매일 말하기 연습을 해 보세요.

일본어를 공부할 때 저도 항상 혼잣말로 중얼거리며 연습했습니다. 여러 동사를 다양한 문장 틀에 맞춰 적용하면 문장이 자연스럽게 나올 것입니다. 이 방법을 여러분에게도 추천합니다.

A4 한 장을 이용해 말하는 연습을 반복하세요. 이때 한국어 해석에 집착할 필요는 없으며 오히려 생각하지 않는 것이 더 도움이 됩니다. 하지만 '미래·긍정', '과거·의문' 등의 단계를 인식하면서 연습해야 합니다. 그러다 보면 한국어가 아니라 영어로 생각할 수 있게 될 것입니다.

이제부터 시제의 템플릿에 맞춰 20개의 문장을 만들어 보세요. 굳이 적을 필요는 없습니다. 만든 문장을 하나씩 크게 말해 보세요.

이 과정을 완벽하게 익히면 영어식으로 생각한 문장이 자연스럽게 표현될 것입니다.

이러한 감각에 익숙해져야 합니다.

지금까지 영어를 어렵게 생각했던 분들도 다양한 문장을 조합하여 연습하다 보면 영어로 사고하는 순발력을 기를 수 있습니다.

제1장 영어의 기본, '시제' 완전 정복

다양한 '동사' 활용으로 회화 실력을 키우자

section 1

쓸 수 있는 동사를 늘려 보자

파트 B에서는 동사를 다양하게 활용하여 파트 A의 시제 템플릿을 연습했습니다. 이제는 더 많은 동사를 활용해 보는 시간입니다.

동사가 바뀌더라도 파트 A의 접근 방식은 동일합니다. 먼저 시제와 문장의 종류(긍정/부정/의문)를 선택한 후 새로운 동사를 넣어 보세요. 파트 A는 A4 한 장에 있는 동사뿐만 아니라 모든 동사를 활용할 수 있는 '만능 템플릿'입니다.

이번 장에 동사를 정리해 두었지만 아래 QR코드를 통하여 PDF를 다운로드해 활용하면 연습하기가 더 편리할 것입니다.

단독으로 쓰이는 동사와 여러 단어로 이루어진 동사구 모두를 완벽하게 익힐 수 있도록 연습하세요.

동사 목록

목적어가 필요 없는 동사

현재형	3인칭 단수	과거형	뜻
go	goes	went	가다
come	comes	came	오다
leave	leaves	left	출발하다, 떠나다
work	works	worked	일하다
study	studies	studied	공부하다
know	knows	knew	알다, 알고 있다
pay	pays	paid	지불하다
change	changes	changed	변하다, 바뀌다
understand	understands	understood	이해하다
explain	explains	explained	설명하다
win	wins	won	이기다
lose	loses	lost	지다
eat	eats	ate	먹다
drink	drinks	drank	마시다
smoke	smokes	smoked	(담배를) 피우다
try	tries	tried	노력하다, 해 보다
learn	learns	learned	배우다, 학습하다
ask	asks	asked	묻다, 요청하다
walk	walks	walked	걷다, 걸어가다
drive	drives	drove	운전하다, 차로 가다
cook	cooks	cooked	요리하다
talk	talks	talked	이야기하다, 말하다
speak	speaks	spoke	말하다, 대화하다
read	reads	read	읽다
stay	stays	stayed	머무르다, 묵다

현재형	3인칭 단수	과거형	뜻
start	starts	started	시작하다
finish	finishes	finished	끝내다
stop	stops	stopped	멈추다, 그만두다
help	helps	helped	돕다
move	moves	moved	이사하다, 움직이다

목적어가 반드시 필요한 동사

현재형	3인칭 단수	과거형	뜻
get it	gets it	got it	~을 손에 넣다
do it	does it	did it	~을 하다
have it	has it	had it	~을 가지다, ~이 있다
take it	takes it	took it	~을 가지고 가다
bring it	brings it	brought it	~을 가지고 오다
use it	uses it	used it	~을 이용하다
teach it	teaches it	taught it	~을 가르치다
find it	finds it	found it	~을 발견하다
like it	likes it	liked it	~을 좋아하다
watch it	watches it	watched it	~을 보다
see it	sees it	saw it	~을 보다, ~이 보이다
look at it	looks at it	looked at it	~을 보다
listen to it	listens to it	listened to it	~을 듣다
look for it	looks for it	looked for it	~을 찾다
buy it	buys it	bought it	~을 사다
sell it	sells it	sold it	~을 팔다
give it	gives it	gave it	~을 주다
send it	sends it	sent it	~을 보내다
make it	makes it	made it	~을 만들다
write it	writes it	wrote it	~을 쓰다

현재형	3인칭 단수	과거형	뜻
clean it	cleans it	cleaned it	~을 청소하다
say it	says it	said it	~을 말하다
wear it	wears it	wore it	~을 입다
break it	breaks it	broke it	~을 깨뜨리다
tell + 사람	tells + 사람	told + 사람	~에게 말하다, ~에게 전하다
show + 사람	shows + 사람	showed + 사람	~에게 보여 주다
take + 사람	takes + 사람	took + 사람	~을 데리고 가다
invite + 사람	invites + 사람	invited + 사람	~을 초대하다
email + 사람	emails + 사람	emailed + 사람	~에게 이메일을 보내다
text + 사람	texts + 사람	texted + 사람	~에게 문자를 보내다
call + 사람	calls + 사람	called + 사람	~에게 전화하다
meet + 사람	meets + 사람	met + 사람	~을 만나다

It을 주어로 쓰는 동사

현재형	3인칭 단수	과거형	뜻
rain	rains	rained	비가 오다
snow	snows	snowed	눈이 내리다
sell	sells	sold	팔리다
start	starts	started	시작되다
finish	finishes	finished	끝나다
break	breaks	broke	깨지다
take	takes	took	시간이 걸리다
happen	happens	happened	일어나다, 발생하다
stop	stops	stopped	멈추다

동사구 목록

일반

go home	집에 가다
go to work	회사에 가다
go out	놀러 가다, 외출하다
go to the gym	헬스장에 가다
get a haircut	머리를 자르다
go to the bank	은행에 가다
get money out	돈을 인출하다
get up	일어나다
wake up	잠에서 깨다
stay up	늦게까지 깨어 있다, 자지 않고 있다
sleep in	늦잠 자다
go to bed	자다
fall asleep	잠들다
stay home	집에 있다
order in	(음식을) 배달시키다
have breakfast	아침 식사를 하다
have lunch	점심 식사를 하다
have dinner	저녁 식사를 하다
watch TV	텔레비전을 보다
take a shower	샤워하다
take a bath	목욕하다
brush *my* teeth	이를 닦다
get ready	준비하다
get dressed	옷을 입다
get changed	옷을 갈아입다
kill time	시간을 때우다
spend time	시간을 보내다
spend money	돈을 쓰다
say thank you	감사 인사를 하다
say sorry	사과하다
say yes	승낙하다, 허락하다
say no	거절하다

가사

do (the) housework	집안일을 하다, 가사를 돌보다
take out the trash	쓰레기를 내다 버리다
make dinner	저녁을 준비하다
clean the house	집을 청소하다
vacuum (the living room)	청소기로 (거실을) 청소하다
do the shopping	장을 보다
do the dishes	설거지를 하다
do the laundry	빨래를 하다
hang out the laundry	빨래를 밖에 널다
get the laundry in	빨래를 걷다, 빨래를 들여놓다
fold the laundry	빨래를 개다
do the ironing	다림질하다
iron (my shirt)	셔츠를 다림질하다

air the sheets	침대보를 말리다	have a picnic	소풍을 가다
air out the house	집을 환기시키다	go to the movies	영화를 보러 가다
do some gardening	정원을 가꾸다	see a movie	영화를 보다
water the garden	정원에 물을 주다	see a play	연극을 보다
weed the garden	정원의 잡초를 뽑다	see a band	밴드 공연을 보다
walk the dog	개를 산책시키다	eat out	외식하다
feed the dog	개에게 먹이를 주다	eat in	집에서 식사하다
		come over	집에 놀러 오(가)다

건강

		have + 사람 + over	(집으로) ~을 초대하다
lose weight	살이 빠지다, 살을 빼다	buy + 사람 + dinner	~에게 저녁 식사를 대접하다
gain weight	살이 찌다	split the bill	각자 계산하다
work out	운동하다	pay separately	각자 계산하다
get in shape	몸을 단련하다	get a taxi	택시를 타다
stay in shape	건강을 유지하다	share a taxi	함께 택시를 타다
get rid of stress	스트레스를 해소하다	go drinking	술을 마시러 가다
see a doctor	병원에 가다	go shopping	쇼핑하러 가다
have an operation	수술을 받다	go clubbing	클럽에 가다
		go to the beach	바닷가에 가다
visit + 사람 + in the hospital	~의 병문안을 가다	go to the park	공원에 가다
go to the dentist	치과에 가다	go to the pool	수영장에 가다
		go for a drive	드라이브 가다

오락

		go for a walk	산책하러 가다
go out	외출하다	go bowling	볼링 치러 가다
take + 사람 + out	~을 데리고 나가다	go traveling	여행하다
have a party	파티를 하다	go sightseeing	관광하다
have a barbecue	바비큐 파티를 하다	play golf	골프를 치다
		play tennis	테니스를 치다

레저

go skiing	스키 타러 가다
go snowboarding	스노보드 타러 가다
go ice-skating	스케이트 타러 가다
go surfing	서핑 하러 가다
go sailing	요트 타러 가다
go scuba-diving	스쿠버 다이빙 하러 가다
go snorkeling	스노클링 하러 가다
go jet-skiing	제트 스키 타러 가다
go camping	캠핑 가다
go hiking	등산하러 가다
go fishing	낚시하러 가다
go golfing	골프 치러 가다
go horse-riding	말 타러 가다
go strawberry-picking	딸기 따러 가다
go skydiving	스카이다이빙 하러 가다
go bungee-jumping	번지 점프 하러 가다

피해 상황

get mugged	노상강도를 당하다
get pickpocketed	소매치기를 당하다
get ripped off	바가지를 쓰다
get conned	사기를 당하다
get groped	치한에게 당하다
(my bag) get stolen	(가방을) 도둑맞다
(my bag) get snatched	(가방을) 날치기를 당하다

연애

be in love (with + 사람)	(~을) 사랑하고 있다
fall in love (with + 사람)	(~와) 사랑에 빠지다
fall for + 사람	~에게 반하다
fall out of love	사랑이 식다
have feelings for + 사람	~에게 호감이 있다
hit on + 사람	~에게 추근거리다
pick + 사람 + up	~에게 수작 걸다
ask + 사람 + out	~에게 데이트를 신청하다
lead + 사람 + on	~을 착각하게 하다, ~을 어장 관리하다
play hard to get	튕기다
play games	밀당하다
get a boyfriend	남자친구가 생기다
have a boyfriend	남자친구가 있다
go out (with + 사람)	(~와) 사귀다
be in a relationship	연애하다
get along	서로 잘 지내다, 사이가 좋다

go through a rough patch	권태기를 겪다	get asked out	데이트 신청을 받다
have a fight	다투다	get hit on	추파를 받다
make up	화해하다	get picked up	헌팅당하다
cheat (on + 연인) (with + 사람)	(연인이 모르게) (~와) 바람을 피우다	get led on	어장 관리를 당하다, 농락당하다
two-time + 사람	~을 두고 바람을 피우다	get dumped	차이다
		get cheated on	바람을 피우다
do the long distance thing	장거리 연애를 하다	get proposed to	청혼을 받다

일

dump + 사람	(애인을) 차다	go to work	출근하다
break up	헤어지다	finish work	퇴근하다
get back together	재결합하다	do overtime	야근하다
pop the question	청혼하다	get paid	급여를 받다
propose to + 사람	청혼하다	get paid overtime	야근 수당을 받다
marry + 사람	~와 결혼하다	call in sick	전화로 병가를 내다
get married	결혼하다	get promoted	승진하다
be married	결혼하다	get transferred	전근(이동)하다
marry into money	부자와 결혼하다, 돈을 보고 결혼하다	get fired	해고되다
settle down	(결혼하여) 정착하다, 가정을 이루다	get laid off	해고되다
		get a raise	월급이 오르다
have a baby	아기를 낳다	get a job	취업하다
hurt + 사람	~에게 상처를 주다	change jobs	이직하다
separate	별거하다	quit (*my* job)	(일을) 그만두다
be separated	별거하다	take time off	휴가를 내다
divorce + 사람	~와 이혼하다	go out on my own	독립하다, 사업을 시작하다
get divorced	이혼하다		
get half	재산의 절반을 받다	be in charge of ~	~을 담당하다

fit in	(주위 사람과) 융화하다, 잘 적응하다	kill it	큰 이익을 내다
talk shop	일 이야기를 하다	make a killing	큰 이익을 내다
have a meeting	회의하다	be in the black	흑자를 내다
reach an agreement	합의에 도달하다	be in the red	적자를 내다
get a contract	계약을 따내다	cut costs	경비를 절감하다
close the deal	거래를 성사시키다	cut *my* losses	(손해를 감수하고) 손을 떼다
meet the deadline	마감 기한에 맞추다	break into ~	~에 진출하다
hit (*my*) target	목표를 달성하다	rush into it	성급하게 ~하다
make progress	진전하다, 발전하다	go bankrupt	파산하다
start over	처음부터 다시 시작하다	dodge a bullet	위기를 면하다
move it up	기한을 앞당기다	get in trouble	혼나다, 질책을 받다
move it back	기한을 뒤로 미루다	get told off	혼나다
make it happen	실현시키다	screw up	실수하다
get back to + 사람	~에게 다시 연락하다, 결과 보고를 하다	slack off	게으름 피우다
make it up to + 사람	~에게 보상해 주다	cut corners	절차를 무시하다
run it by + 사람	~에 대한 의견을 …에게 묻다	talk back (to + 사람)	(~에게) 말대답하다
sign off on it	승인하다	cook the books	장부를 조작하다
entertain clients	고객을 접대하다	sue + 사람	~을 고소하다
wine and dine + 사람	~에게 푸짐하게 대접하다	get sued	고소를 당하다
do it by the book	원칙대로 하다	*pay off	성과를 거두다
think outside the box	고정 관념을 깨다	*backfire	역효과를 낳다
raise the bar	기준을 높이다		
turn a profit	이익을 내다		

*pay off와 backfire는 사람이 아니라 it을 주어로 씁니다.

section 2

동사 목록 활용법

목적어의 필요 유무에 따른 동사 분류

동사 목록에는 '목적어가 필요 없는 동사'와 '목적어가 반드시 필요한 동사'가 있습니다.

동사에는 목적어가 필요 없는 경우, 반드시 필요한 경우, 그리고 있어도 되고 없어도 되는 경우가 있습니다.

예를 들어 go는 목적어가 필요 없는 동사, eat은 목적어가 있어도 되고 없어도 되는 경우가 있습니다. 하지만 buy는 목적어가 반드시 필요한 동사입니다.

'목적어가 필요 없는 동사' 목록에는 목적어가 필요 없거나 있어도 되는 동사가 정리되어 있습니다.

'목적어가 반드시 필요한 동사' 목록에는 오직 목적어가 반드시 필요한 동사만 정리되어 있습니다.

'목적어가 반드시 필요한 동사'를 연습할 때는 get it, have it과 같이 동사구 형식으로 생각하며 템플릿에 맞춰 연습하세요.

익숙해지면 it 대신 my bag, this camera 등 다양한 목적

어를 넣어 연습해 보세요.

'사람'을 필요로 하는 동사의 경우에는 「tell+사람」, 「show+사람」과 같이 me, you, us, them, him, her 등을 자유롭게 넣어 연습하면 됩니다.

문장을 만드는 연습을 할 때는 가능한 한 다양한 형태의 문장을 만드는 것이 중요합니다.

- I told him.
- He told me.
- She's not going to tell him.
- We're not going to tell them.

It을 주어로 쓰는 동사

지금까지는 It이 주어인 예문에서 rain, snow와 같은 동사를 썼지만 이 외에도 다른 동사가 있습니다. 그 동사도 rain, snow와 같은 방식으로 쓰면 됩니다.

- It's raining. (비가 오고 있어요.)
- It's selling. (그것이 팔리고 있어요.)
- It's not going to snow. (눈이 내리지 않을 것 같아요.)
- It's not going to break. (깨지지 않을 것 같아요.)

section 3
동사구 목록 활용법

'사람'이라고 적힌 부분에는 '사람 목적어'를 쓴다

앞서 여러 카테고리로 분류하여 정리한 동사구는 모두 외워야 합니다.

하지만 이때 몇 가지 주의할 점이 있습니다.

먼저 동사구 중 '사람'이라고 적힌 부분은 반드시 사람을 지칭하는 목적어를 써야 합니다.

반대로 '사람'이라고 적혀 있지 않은 부분에는 '사람'을 목적어로 넣지 마세요.

예를 들어 이런 동사구가 있지요.

marry + 사람
~와 결혼하다

get married
결혼하다

marry라는 동사에는 반드시 '사람'이 이어져야 합니다. 이는 '~와 결혼하다'라는 뜻이지요.

"다음 주에 결혼해요."라는 말을 하고 싶을 때

✗ I'm going to marry next week.

라고 하면 "'다음 주'라는 사람과 결혼해요."라는 잘못된 뜻이 될 수 있으니 주의해야 합니다.

그리고 잘 알려진 문장인 Will you marry me?에서 볼 수 있듯이 marry는 with나 to를 쓰지 않는다는 점을 기억하세요.

반대로 상대방을 언급하지 않을 때는 get married를 씁니다. get married him처럼 목적어를 쓰면 안 됩니다.

'(with+사람)'처럼 괄호가 있는 경우에는 써도 되고 안 써도 됩니다.

예를 들어 '바람피우다'라는 표현은

cheat (on+연인) (with+바람피운 상대)

여기서 '(on+연인)'이나 '(with+바람피운 상대)'는 선택적으로 쓸 수 있습니다.

- **He cheated.** (그는 바람을 피웠어요.)
- **He cheated <u>on me</u>.** (그는 저를 속이고 바람을 피웠어요.)
- **He cheated <u>with her</u>.** (그는 그녀와 바람을 피웠어요.)
- **He cheated <u>on me</u> <u>with her</u>.**
  (그는 저를 속이고 그녀와 바람을 피웠어요.)

네 가지 모두 올바른 표현입니다.

수동태는 동사구 그대로 기억한다

수동태를 문법적으로 생각하면 복잡하고 어려울 수 있습니다. '동사를 과거분사로 바꾸고 get이나 be를 붙인 뒤 목적어를 생략한다' 등의 과정을 일일이 생각하기보다는 이를 하나의 덩어리로 기억하는 것이 더 효과적입니다.

예를 들어 '해고되다', '승진하다', '이동·전근하다' 같은 표현을 수동태 구문 그대로 기억하면 학습이 훨씬 더 쉬워집니다.

- get fired
- get promoted
- get transferred

'연애' 카테고리에서 get asked out 이후의 모두 표현은 수동태입니다.

가끔 on이나 to로 끝나는 표현이 있지만 '사람'이라고 명시되어 있지 않다면 '사람'을 이어서 쓰지 않습니다. 수동태 문장이 종종 전치사로 끝나므로 이러한 구조에 익숙해지는 것이 중요합니다.

하이픈(-)으로 연결된 동사는 한 단어로 생각한다

하이픈(-)으로 연결되지 않은 동사구는 첫 단어를 과거형이나

3인칭 단수 형태로 바꿉니다. 예를 들어 go home의 과거형은 went home이며 주어가 3인칭 단수일 때는 goes home을 씁니다.

하지만 하이픈(-)으로 연결된 동사는 하나의 단어로 간주됩니다.

예를 들어 '양다리를 걸치다'라는 뜻의 two-time의 과거형은 twoed-time이 아니라 two-timed입니다. 여기서는 time에 -ed를 붙입니다.

동사에 -s를 붙이는 경우에도 twos-time이 아니라 two-times가 맞습니다.

공부할 내용이 많아 어려울 수 있지만 다양한 표현을 시제의 템플릿에 맞춰 영어로 사고하면서 천천히 익혀 나가세요.

제 2 장

다양한 '동사' 활용으로 회화 실력을 키우자

제3장

'형용사'를 쓰는 문장을 연습해 보자

section 1

'형용사'를 쓰는 문장을 만들어 보자

지금까지 우리는 동사의 시제 템플릿을 활용하여 연습해 왔습니다.

이제 형용사의 시제 템플릿을 살펴볼 차례입니다.

형용사에는 별도의 템플릿이 있으며 이는 A4 한 장의 뒷면에 있으니 참고하시기 바랍니다.

형용사를 쓸 때는 be동사가 필요합니다. be동사는 다른 동사와 사용 방법이 다르지요.

하지만 우선은 형용사의 템플릿에 맞춰 문장을 만들어 보는 것이 좋습니다.

연습을 시작하기 전에 알아 두어야 할 몇 가지 주의점들을 살펴보겠습니다.

평소 상황과 현재 상황 모두 현재형을 쓴다

be동사는 기본적으로 진행형으로 쓸 수 없습니다. 평소 상황과 현재 상황 모두 동일한 표현을 씁니다. 예외 사항도 있지만 그 부분은 나중에 자세히 설명해 드리겠습니다.

먼저 다음 두 문장을 살펴볼까요?

I'm Korean.
한국인이에요.

I'm hungry.
배가 고프네요.

첫 번째 문장이 "오늘만 한국인이에요"라는 뜻은 아니겠지요? "한국인이에요"는 평상시 상태를 나타냅니다.

반면에 "배가 고프네요"는 현재 상태를 나타냅니다.

I'm Korean.은 평소 상황을, I'm hungry.는 현재 상황을 나타내지만 두 표현 모두 I'm~으로 시작하는 동일한 형태를 가집니다.

"평소에 바빠요"와 "지금 바빠요"도 동일한 방식으로 표현됩니다.

I'm busy.

I'm을 You're, We're, They're, He's, She's, It's로 바꿔 쓸 수 있습니다. 예를 들어 다음과 같은 문장을 만들 수 있습니다.

- **He's busy.** (그는 바빠요.)
- **Is she angry?** (그녀는 화났나요?)
- **It's not crowded.** (붐비지 않네요.)

참고로 It을 주어로 쓰는 경우에는 'It을 주어로 쓰는 형용사' 카테고리를 확인하시면 됩니다.

미래 표현

미래를 나타낼 때는 동사의 템플릿과 같은 방식으로 I'm going to 뒤에 「be+형용사」를 붙입니다.

따라서 "바빠질 것 같아요"는 다음과 같이 표현할 수 있습니다.

I'm going to be busy.

여기서 be가 들어간다는 것을 반드시 기억하세요.

그리고 이것도 I'm을 You're, We're, They're, He's, She's, It's로 바꿔 쓸 수 있습니다.

다음 문장들을 살펴볼까요?

- **He's going to be surprised.** (그가 놀라겠어요.)
- **She's not going to be angry.** (그녀는 화내지 않을 거예요.)
- **Is it going to be sunny tomorrow?** (내일은 화창할까요?)

과거 표현

평소 상황, 현재 상황 그리고 미래는 비교적 간단하지요? I'm 을 You're, He's 등으로 바꿔 연습하면 됩니다.

하지만 과거형은 약간 다릅니다.

이 부분도 A4 한 장을 참고하여 예문을 만들면 어렵지 않지만 우선 한번 확인해 보는 것이 좋겠지요?

be동사의 과거형은 주어에 따라 was나 were로 바뀝니다.

- I, He, She, It → was
- You, We, They → were

I'm being을 쓰는 예외 형용사

형용사에 따라 be동사를 I'm being과 같은 진행형으로 쓸 수도 있습니다.

예를 들어 "배가 고프네요"는 현재 상태를 나타내지만 다음과 같이 표현합니다.

I'm hungry.

× **I'm being hungry.**

영어로 "평소에 바빠요"는

I'm busy.

"지금 바빠요"는

I'm busy.

모두 이렇게 표현합니다. 영어에서는 이 두 상황이 구분되지 않습니다.

하지만 예외도 있습니다.
kind와 lazy 같은 예외 형용사의 경우 현재 상황을 나타낼 때 I'm being ~의 형태로 be동사의 진행형을 씁니다.

He's kind.
그는 늘 친절해요. → 평소

He's being kind.
그는 지금 친절하게 대해 주고 있어요. → 현재

I'm lazy.
평소에 게을러요. → 평소

I'm being lazy.
오늘은 게으름을 피우고 있어요. → 현재

이와 같이 'be동사를 진행형으로 쓰는 예외'에 해당하는 형용사에는 어떤 것이 있을까요?

사실 저도 그 형용사의 공통적인 특성을 잘 몰랐습니다. 하지만 〈Nic's English Gym〉이라는 애플리케이션의 데이터를 분석하며 흥미로운 사실을 발견했습니다. 진행형으로 쓸 수 있는 형용사는 대부분 '성격' 카테고리에 속하는 단어였습니다.

A4 한 장을 보세요. '성격' 카테고리에 속하는 형용사는 분홍색 박스로 표시되어 있지요. 그리고 "현재 상황을 나타낼 때는 진행형 I'm being ~으로 쓴다."고 적혀 있습니다.

다른 카테고리의 형용사는 일반적으로 상황에 상관없이 I'm ~ 형태로 쓰지만 성격 카테고리의 형용사는 평소 상황에서는 I'm ~을, 지금 상황에서는 I'm being ~을 쓸 수 있습니다.

I'm careful.
조심성이 많은 사람이에요.

I'm being careful.
지금 조심하고 있어요.

She's selfish.
그녀는 이기적인 사람이에요.

She's being selfish.
그녀는 지금 이기적으로 행동하고 있어요.

He's stupid.
그는 어리석은 사람이에요.

He's being stupid.
그는 지금 어리석게 행동하고 있어요.

You're naive.
당신은 세상 물정 모르는 사람이네요.

You're being naive.
당신은 지금 순진하게 행동하고 있어요.

 이처럼 다양한 형용사를 활용하며 연습해 보세요. 말할 수 있는 표현이 점점 더 늘어날 거예요. 다른 카테고리의 형용사는 진행형으로 쓰지 않으니 이 점을 유의하세요.

형용사 목록

상태

hungry	배고픈
full	배부른
thirsty	목마른
sick	아픈
drunk	술에 취한
tired	지친
busy	바쁜
late	늦은, 지각한
ready	준비된
lost	길을 잃은
up	위를 향한
awake	깨어 있는
asleep	잠이 든
sleepy	졸리는
young	젊은
old	나이가 든
tall	키가 큰
short	키가 작은
beautiful	아름다운
married	결혼한
single	독신인, 혼자인
pregnant	임신한
American	미국(인)의
Korean	한국(인)의

감정

angry	화난
happy	행복한
sad	슬픈
jealous	질투하는
nervous	초조해하는
worried	걱정하는
scared	무서워하는
excited	신이 난, 들뜬
bored	지루한
stressed	스트레스를 받는
shocked	충격을 받은
surprised	놀란
embarrassed	당황스러운
disappointed	실망한

성격

smart	영리한
stupid	어리석은
honest	정직한
confident	자신 있는
cheerful	쾌활한
laidback	느긋한
uptight	신경질적인
selfish	이기적인

funny	재미있는, 웃기는		embarrassing	당황스러운
interesting	흥미로운		stressful	스트레스가 많은
kind	친절한		humid	습한
mean	심술궂은		dry	건조한
rude	무례한		sunny	화창한
cheap	인색한		cloudy	흐린
lazy	게으른		windy	바람이 부는
diligent	부지런한			
thoughtful	사려 깊은			
careful	주의 깊은, 신중한			
positive	긍정적인			
negative	부정적인			
naive	순진한			

It을 주어로 쓰는 형용사

crowded	붐비는
quiet	조용한
noisy	시끄러운
lively	활기찬
dirty	지저분한
clean	깨끗한
important	중요한
scary	무서운
boring	지루한
shocking	충격적인
exciting	흥미진진한

section 2

형용사는 be동사만 붙이면 OK!

이 시점에서 형용사를 쓸 때 중요한 사실 하나를 기억해 두세요. 형용사를 쓸 때는 be동사만 생각하면 됩니다.

예를 들어 "무례한 말을 하지 마세요", "무례한 행동을 하지 마세요", "무례한 태도를 취하지 마세요"는 모두 다음과 같이 표현할 수 있습니다.

Don't be rude.

한국어 해석에 충실하게 각 문장을 영어로 옮기면 다음과 같이 표현할 수 있습니다.

- × **Don't say rude things.** (무례한 말을 하지 마세요.)
- × **Don't do rude things.** (무례한 행동을 하지 마세요.)
- × **Don't have a rude attitude.** (무례한 태도를 취하지 마세요.)

하지만 원어민은 이렇게 말하지 않습니다.
이처럼 형용사는 be동사만 생각하면 되지요.

예를 하나 더 들어 볼까요?
"그녀는 부정적인 태도를 보이네요", "그녀는 부정적인 말을 하고 있어요", "그녀는 부정적인 생각을 하고 있어요"를 영어로 어떻게 표현할까요?

모두 다음과 같이 표현할 수 있습니다.

She's being negative.

이 표현이 바로 떠오르는 사람은 영어식 사고방식에 익숙해지기 시작한 것입니다.

원어민은 이러한 다양한 상황에서 She's being negative. 라고 일관되게 표현합니다.

한국어 해석에 지나치게 집착하는 사람은 다음과 같이 생각할 수도 있습니다.

- ✗ **She's saying negative things.**
  (그녀는 부정적인 말을 하고 있어요.)

- ✗ **She's thinking in a negative way.**
  (그녀는 부정적인 생각을 하고 있어요.)

이러한 표현은 문법적으로는 맞지만 다소 복잡하고 자연스럽지 않기 때문에 원어민은 대화에서 잘 쓰지 않습니다.

원어민처럼 말하고 싶다면 형용사를 be동사와 함께 쓰는 것이 중요합니다. She's being negative.라는 표현만으로 충분합니다.

이 방법은 훨씬 더 간단하고 자연스러워 일석이조의 효과를 누릴 수 있습니다.

이제 여러분은 단문을 만드는 데 익숙해졌을 것입니다. 이것이 바로 '영어 뇌'를 만드는 기초가 됩니다. 이 단계를 성공적으로 마스터했다면 앞으로의 학습 과정은 훨씬 간단해질 것입니다. 제4장부터는 단문 앞이나 뒤에 어구를 붙이는 방법과 문장들을 연결하는 방법을 배워 볼 계획입니다.

제**4**장

'문장 앞에 붙이는 표현'으로 실력을 높이자

section 1

문장에 표현을 덧붙여 보자

문장 앞에 붙이기만 하면 된다

자신의 생각이나 느낌을 간단한 몇 단어로 표현하고 이를 문장 앞에 붙이는 것만으로도 멋진 문장을 만들 수 있습니다. 지금까지는 파트 A와 B를 활용하여 간단한 구조의 단문을 만드는 연습을 했지요. 이제 이 단문 앞에 파트 C를 붙이기만 하면 됩니다.

예를 들어 "비가 오고 있어 너무 아쉽네요"라는 문장은 영어로 다음과 같이 표현할 수 있습니다.

It's too bad it's raining.

다시 말해서

It's raining.
지금 비가 오고 있어요.

이 문장 앞에

It's too bad
너무 아쉽네요.

이 표현을 붙이기만 했을 뿐이지요.

> **point**
>
> 조금 어려울 수 있지만 문법적으로 이 문장의 구조는 「It's too bad + that절」입니다.
> that절은 「that + 문장」을 의미하므로 이렇게 정리할 수 있습니다.
> 「It's too bad + that + 문장」
> that절의 that은 언제든 생략할 수 있습니다. that을 넣어도 문법적으로 문제가 없지만 대화에서는 대개 생략합니다.
> 따라서 「It's too bad + 문장」으로 간단히 말할 수 있습니다.

It's raining.이라는 동일한 문장 앞에 다른 표현을 붙여 봅시다. '비가 온다'는 사실에 대해 여러분이 느끼는 감정을 생각해 보세요.

예를 들어 "비가 와서 다행이에요"라는 문장을 영어로 어떻게 표현할까요?

I'm glad + it's raining.

I'm glad it's raining.

"비가 오다니 믿을 수 없군요"라는 문장을 영어로 어떻게 표현할까요?

I can't believe + it's raining.

I can't believe it's raining.

"비가 오고 있는 것도 아니잖아요"라는 문장을 영어로 어떻게 표현할까요?

It's not like + it's raining.

It's not like it's raining.

시제 연습을 해 보자

다른 예문도 살펴볼까요?
시제를 바르게 쓰는 것은 매우 중요합니다!

만약 "비가 와서 아쉬웠어요"라고 말하고 싶다면 다음과 같이 하면 되겠지요.

It's too bad it rained.

먼저 파트 A와 B를 보세요. 과거에 비가 내렸다는 뜻이므로 과거형 문장을 써야 합니다.

It rained.
비가 왔어요.

그리고 비가 오는 것에 대해 '아쉽다'는 감정을 표현하고 싶다면 문장 앞에 It's too bad를 붙입니다.

It's too bad + it rained.

It's too bad it rained.

그러면 "비가 올 것 같아서 걱정이에요"라는 문장을 영어로 어떻게 표현해야 할까요?

I'm worried it's going to rain.

이것이 정답이겠지요.
 미래에 비가 올 것에 대한 걱정을 하고 있으므로 먼저 시제는 미래를 씁니다.

It's going to rain.
비가 올 것 같아요.

이 문장 앞에 I'm worried를 붙이면

I'm worried + it's going to rain.

I'm worried it's going to rain.

이라는 문장이 완성됩니다. 이해하셨나요?

두 문장의 시제를 반드시 맞출 필요는 없다

종종 오해하는 부분 중 하나는 It rained.가 과거형이므로 앞에 오는 문장도 It was too bad, I was glad와 같이 과거형으로 맞춰야 한다고 생각하는 것입니다.

하지만 실제로는 그럴 필요가 전혀 없습니다.

'비가 왔다'는 과거의 일이지만 그로 인해 '아쉽다'는 감정을 느끼는 것은 현재 상태이므로 It's too bad.라고 표현합니다.

마찬가지로 '비가 올 것 같다'는 미래의 일이지만 그에 대해 '현재 걱정하고 있다'는 상황이므로 I'm worried가 적절한 표현입니다.

복잡하게 생각하지 않고, 파트 C에 있는 표현을 그대로 쓰면 됩니다.

"그들이 헤어졌다는 느낌이 들어요"는

I have a feeling + they broke up.

'헤어졌다'는 과거의 일이므로 과거형 they broke up.을 씁니다. 하지만 '느낌이 든다'는 과거의 일이 아니므로 과거형으로 쓰지 않습니다.

그러면 "승진하지 못해서 화 나 있어요"라는 문장을 영어로 어떻게 표현할까요?

I'm angry + I didn't get promoted.

'승진하지 못했다'는 과거의 일이므로 과거형 I didn't get promoted.라고 표현합니다. 하지만 '화 나 있다'는 현재의 상태이므로 과거형이 아니라 I'm angry.라고 표현합니다.

해석에 현혹되지 말자

가끔 한국어에서는 "어제 오지 않다니 믿을 수 없어요"와 같이 과거의 일을 과거형으로 말하지 않는 경우가 있습니다.

'어제'는 과거의 시점을 나타내지만 '<u>오지 않다니</u>'라는 표현을 현재형으로 말해도 큰 문제가 되지 않습니다.

하지만 영어에서는 과거의 일을 반드시 과거형으로 표현해야 합니다.

You didn't come.
당신은 오지 않았어요.

이 문장 앞에

I can't believe
믿을 수 없어요.

두 문장을 합하면 이렇게 됩니다.

I can't believe + you didn't come.

I can't believe you didn't come.

한국어에 현혹되어 다음과 같이 현재형을 쓰면 안 됩니다.

× **I can't believe you don't come.**

영어에서 현재형은 '평소'나 '항상' 일어나고 있는 상황을 나타내므로 I can't believe you don't come.은 '당신이 항상 오지 않는다니 믿을 수 없군요'라는 뜻이 됩니다.

이는 의미상 큰 차이가 있지요. 상대방이 '항상 왔잖아! 어제만 못 온 거잖아'라고 반박하며 불쾌해할 수 있으며 이로 인해 대화가 제대로 이어지지 않고 갈등이 깊어질 수도 있습니다.

또 다른 예를 살펴보겠습니다.

이미 헤어진 연인을 본 경우 우리는 "두 사람이 헤어졌다니 믿기 어렵네요"라고 말하기도 하지만, 때때로 "두 사람이 헤어지다니 믿기 어렵네요"라고 과거의 일을 현재형으로 표현할 때도 있습니다. 하지만 영어에서는 이러한 상황을 설명할 때는 반드시 과거형을 써야 합니다.

They broke up.
그들은 헤어졌어요.

I can't believe

를 붙이면 이렇게 되지요.

I can't believe + they broke up.

I can't believe they broke up.

영어에서는 시제를 매우 엄격하게 구분하는 반면, 한국어에서는 그렇지 않은 경우가 많습니다. 이러한 한국어의 습관에 현혹되어 영어를 잘못 사용하는 일이 없도록 주의해야 합니다

× **I can't believe they break up.**
그들이 항상 헤어지다니 믿기 힘들군요.

미래 시제도 주의하자

한국어에서는 미래의 일을 현재형으로 표현하는 경우가 종종 있습니다.

"그는 내일 와요", "내년에 결혼해요"와 같이 분명히 미래의 일임에도 불구하고 현재형으로 쓰기도 하지요. '내일', '내년'은 미래를 나타내는 단어이지만 '온다', '결혼한다'는 문법적으로 현재형에 해당합니다. 한국어에서는 이런 표현이 문제가 되지 않지만 이러한 습관이 영어로 말할 때 오류를 유발할 수 있습니다.

20년 이상 영어를 가르친 경험을 바탕으로 말씀드리자면, 제1장부터 제3장까지 다룬 단문 만드는 방법을 충분히 익힌 후에 '그 문장 앞에 I can't believe와 같은 표현을 붙이기만 하면 된다'고 간단히 생각하는 것이 복잡하게 고민하는 것보다 훨씬 더 쉽고 정확하게 영어를 구사하는 방법입니다.

이제 연습을 해 볼까요? 먼저 기본 문장을 만들고 난 후에 I'm glad와 같은 표현을 덧붙이는 방법을 써 봅시다.

예를 들어 "내일 그녀가 온다니 다행이네요"라고 말하고 싶다면 먼저 '내일 그녀가 와요'라는 기본 문장을 만들어야겠지요.

> **Q.** "내일 그녀가 와요"라는 문장을 영어로 어떻게 표현할까요?
>
> 시제? ——————— 미래
> 긍정?부정?의문? ——— 긍정
> 완성 문장? ——————— **She's going to come tomorrow.**

그리고 문장 앞에 I'm glad를 덧붙이면

I'm glad she's going to come tomorrow.

조금 더 살펴볼까요?

일을 제대로 하지 못하는 동료가 해고되었을 때 "그가 해고되는 것이 놀랄 일은 아니지요"는 어떻게 말할까요?

먼저 '그가 해고된' 것은 과거의 일을 나타내므로 과거형 문장을 만들어야 합니다.

> **Q.** "그는 해고되었어요"라는 문장을 영어로 어떻게 표현할까요?
>
> 시제? ——————— 과거
> 긍정?부정?의문? ——— 긍정
> 완성 문장? ——————— **He got fired.**

문장 앞에 It's no wonder를 덧붙이면 문장이 완성됩니다.

It's no wonder he got fired.

한국어로는 '해고되는 것'이라고 해석할 수 있지만 이것이 과거의 일임을 기억하고 과거형 문장을 쓰는 것이 중요합니다.

"그들이 이기지 못했다니 놀랍네요"라는 문장을 영어로 어떻게 표현할까요?

'이기지 못했다니'라는 해석에는 직접적인 시제 정보가 포함되어 있지 않지만 내용을 통해 이것이 과거의 일임을 알 수 있습니다.

따라서 '그들이 이기지 못했어요'라는 문장을 먼저 만들어 보는 것이 좋습니다.

Q. "그들이 이기지 못했어요"라는 문장을 영어로 어떻게 표현할까요?

시제? ─────────── 과거
긍정?부정?의문? ─── 부정
완성 문장? ───────── **They didn't win.**

문장 앞에 I'm surprised를 덧붙이면 다음과 같은 문장이 만들어집니다.

I'm surprised they didn't win.

연습을 조금 더 해 볼까요?

"내일 비가 온다니 너무 아쉽네요"라는 문장을 만들어 볼까요?

'비가 온다'라는 표현 자체에는 명확한 시제 정보가 없지만, '내일'이라는 단어가 있으므로 이것이 미래의 일임을 알 수 있습니다.

Q. "내일 비가 와요"라는 문장을 영어로 어떻게 표현할까요?

시제? ─────────── 미래
긍정?부정?의문? ─── 긍정
완성 문장? ───────── It's going to rain tomorrow.

문장 앞에 It's too bad를 덧붙여 문장을 완성합니다.

It's too bad it's going to rain tomorrow.

"요리를 전혀 안 하는 것은 아니에요"라는 문장을 생각해 볼까요?

먼저 기본적인 단문을 만드는 단계부터 시작해야겠지요?

Q. "요리를 전혀 하지 않아요"라는 문장을 영어로 어떻게 표현할까요?

시제? ─────────── 평소의 상황
긍정?부정?의문? ─── 부정
완성 문장? ───────── I don't cook.

문장 앞에 It's not like만 덧붙이면 완성입니다.

It's not like I don't cook.

section 2

미래를 현재형으로 나타내는 표현

I hope / I bet / What if + 동사의 단문

파트 C에 있는 I'm glad부터 I'm worried에 이르는 모든 표현은 문장 앞에 그대로 붙일 수 있습니다.

- 평소의 상황 → 현재형
- 현재의 상황 → 진행형
- 과거의 일 → 과거형
- 미래의 일 → 미래형

하지만 영어의 엄격한 시제 규칙에도 불구하고 몇몇 예외적 표현이 있습니다.

A4 한 장 하단에 있는 '미래를 현재형으로 나타내는 표현'을 살펴볼까요?

- **I hope** (~하면 좋겠다)
- **I bet** (분명 ~할 것이다)
- **What if** (~라면 어떻게 할까?)

이 표현은 현재형, 진행형, 과거형으로 쓸 때는 문제가 없지만 미래의 일을 나타낼 때는 예외적으로 현재형을 씁니다.

I'm glad와 I hope를 비교해 봅시다.

I'm glad는 예외를 적용하지 않는 표현으로 지금까지 공부한 방식대로 씁니다.

- 평소의 상황 → 현재형
- 현재의 상황 → 진행형
- 과거의 일 → 과거형
- 미래의 일 → 미래형

하지만 I hope는 예외적 표현으로 미래의 일을 현재형으로 표현합니다.

- 평소의 상황 → 현재형
- 현재의 상황 → 진행형
- 과거의 일 → 과거형

이 부분은 I'm glad와 다르게 접근해야 하지요.

- 미래의 일 → 현재형

예문을 살펴보면 이해하기가 더 쉽겠지요? 먼저 I'm glad는 다음과 같이 표현합니다.

- **I'm glad she lives in Seoul.**   평소의 상황 → 현재형
  (그녀가 서울에 살아서 다행이에요.)
- **I'm glad he's being kind.**   현재의 상황 → 진행형
  (그가 친절하게 행동하고 있어서 다행이에요.)
- **I'm glad they didn't get in trouble.**   과거의 일 → 과거형
  (그들이 혼나지 않아서 다행이에요.)

- **I'm glad we're going to get a bonus.** 미래의 일 → 미래형
  (우리가 보너스를 받게 되다니 다행이에요.)

반면에 I hope는 다음과 같이 표현합니다.

- **I hope she lives in Seoul.**   평소의 상황 → 현재형
  (그녀가 서울에 살면 좋겠어요.)
- **I hope he's being kind.**   현재의 상황 → 진행형
  (그가 친절하게 행동하고 있으면 좋겠어요.)
- **I hope they didn't get in trouble.**   과거의 일 → 과거형
  (그들이 혼나지 않았으면 좋겠어요.)
- **I hope we get a bonus.**   미래의 일 → 현재형
  (우리가 보너스를 받으면 좋겠어요.)

이처럼 현재형, 진행형, 과거형은 I'm glad 예문과 같이 문장 앞에 I hope만 덧붙이면 됩니다. 하지만 미래형은 예외 사항입니다. I'm glad와 I hope 모두 미래의 일을 나타내지만 I'm glad 뒤에는 We're going to get a bonus.와 같은 미래형 문장을, I hope 뒤에는 We get a bonus.와 같은 현재형 문장을 씁니다.

몇 가지 예문을 더 살펴보겠습니다.

"그가 오면 좋겠네요"라고 말하고 싶을 때 '그가 온다'는 미래의 일을 나타내지만 I hope 뒤에는 He comes.라는 현재형 문장을 씁니다.

I hope he comes.

"분명 비가 올 거예요"를 표현하려면 '비가 온다'는 미래의 일이지만 I bet 뒤에는 현재형 문장 It rains.를 씁니다.

I bet it rains.

"그가 오지 않으면 좋겠어요"라고 말하고 싶을 때 '그가 오지 않는다'는 미래의 일임에도 불구하고 I hope 뒤에는 현재형 문장 He doesn't come.을 씁니다.

I hope he doesn't come.

"비가 오지 않으면 좋겠네요"라는 문장도 미래의 일을 현재형 문장으로 표현합니다.

I hope it doesn't rain.

"그들은 분명 헤어질 거예요"라고 말할 때 앞으로 헤어질 것이라는 뜻이지만 I bet 뒤에 현재형 문장 They break up.을 씁니다.

I bet they break up.

"그들은 분명 지각할 거예요"는 I bet 뒤에 They're going to be late.라는 미래형이 아니라 현재형 문장 They're late.를 씁니다.

I bet they're late.

"월급을 못 받으면 어쩌죠?"는 영어로

What if we don't get paid?

라고 말합니다. What if 뒤에는 We don't get paid.라는 현재형 문장을 쓰지요.

"그에게 들키면 어쩌죠?"는 미래의 일에 대한 걱정을 나타내지만 What if 뒤에는 He finds out.이라는 현재형 문장을 씁니다.

What if he finds out?

"그게 부서지면 어쩌죠?" 역시 미래에 대한 걱정을 나타내지만 What if 뒤에는 It breaks.라는 현재형 문장을 씁니다.

What if it breaks?

I hope / I bet / What if + 형용사의 단문

이제 형용사를 이용한 문장을 살펴봅시다.
'성격' 카테고리에 속한 형용사를 제외한 대부분의 형용사는 평소의 상황과 현재의 상황을 나타낼 때 현재형을 씁니다.
I hope, I bet, What if 뒤에 오는 미래에 대한 표현도 마찬

가지로 현재형을 씁니다. 따라서 평소의 상황, 현재의 상황, 미래의 일 모두 같은 형태로 표현합니다.

예를 들어 "그가 평소에 바쁘지 않으면 좋겠네요."라는 문장은

I hope he's not busy.

"그가 지금 바쁘지 않으면 좋겠네요"라는 문장도

I hope he's not busy.

마지막으로 "그가 앞으로 바쁘지 않으면 좋겠네요"는

I hope he's not busy.

라고 표현합니다.

Point

I hope와 I bet는 주로 미래의 일을 현재형으로 표현하는 것이 일반적입니다. 하지만 미래형을 쓰는 경우도 있습니다.

개인적으로 약 400편의 영화 및 드라마 대본을 분석한 결과, I hope나 I bet 뒤에 이어지는 문장에서 미래의 일을 나타낼 때 약 80%는 현재형을, 나머지 20%는 미래형을 쓰는 것으로 나타났습니다.

하지만 현재형을 쓰는 경우와 그렇지 않은 경우의 차이점을 고민하기 시작하면 실제 대화에 방해가 될 수 있습니다. 그래서 저는 'I hope, I bet를 쓸 때는 현재형으로 나타내라'고 가르치고 있습니다.

참고로 what if와 같이 제5장에서 알아볼 if, when, before, after, until 등은 미래의 일을 나타낼 때 반드시 현재형으로 표현하니 주의해야 합니다.

다양한 조합으로 시제를 더 연습해 보자

지금까지 우리는 미래의 일을 현재형으로 표현하는 다양한 예문을 살펴봤지요. 하지만 미래의 일 이외에는 일반적인 시제 표현법을 따릅니다. 즉 평소의 상황은 현재형으로, 현재의 상황은 진행형으로, 과거의 일은 과거형으로 표현합니다.

"그에게 차가 있으면 좋겠네요"는 평소의 상황을 나타내므로 현재형으로 표현합니다.

I hope he has a car.

"어제 그녀가 혼나지 않았다면 좋겠네요"는 과거의 일을 언급하므로 과거형을 쓰겠지요.

I hope she didn't get in trouble yesterday.

"그는 분명 가지 않았을 거예요" 역시 과거의 일을 나타내므로 과거형을 쓰면 됩니다.

I bet he didn't go.

"그들은 분명 한잔하고 있을 거예요"는 현재의 상황을 나타내므로 진행형을 씁니다.

I bet they're drinking.

"그가 개를 좋아하지 않으면 어쩌죠?"라는 문장을 현재형으로 표현하겠지요.

What if he doesn't like dogs?

"그들이 헤어졌다면 어쩌죠?"라는 문장은 과거의 일을 나타내므로 과거형으로 표현합니다.

What if they broke up?

일반적인 시제 표현법을 익히는 것과 함께 예외 표현에도 익숙해지기 위해서는 많은 양의 예문을 직접 만들어서 소리 내어 말해 보는 연습이 필요합니다. 파트 C에서 다루는 표현도 충분히 연습해야 하지요. 단순히 '할 수 있는지 없는지'보다는 '여유 있게 말할 수 있는지 없는지'가 더 중요합니다. 따라서 '잠결에도 말할 수 있을 정도'로 연습하는 것이 좋습니다.

제4장

'문장 앞에 붙이는 표현'으로 실력을 높이자

제5장

'문장과 문장을 잇는 표현'으로 원어민처럼 말해 보자

section 1

긴 문장을 쉽게 말할 수 있는 방법

파트 A와 파트 B에서 배운 내용을 활용하여 단문을 만드는 것에 익숙해졌다면 이제는 두 개의 문장을 연결하여 조금 더 긴 말을 하는 연습을 해 볼 시간입니다.

이번 Section 1에서는 형태 변화 없이 문장과 문장을 연결하는 다양한 표현을 살펴보겠습니다.

A4 한 장의 파트 C를 참고하세요. 먼저 but, because, so로 문장을 연결해 봅시다.

지금까지 배운 시제 표현을 유의하면서 앞 문장과 뒤 문장을 만들어 보세요. 평소의 상황에는 현재형, 현재의 상황에는 현재진행형, 과거의 일에는 과거형, 미래의 일에는 미래형을 씁니다.

우선 서장에서 소개한 예문을 떠올려 볼까요?

예를 들어 "우리는 한 번 헤어졌지만 다시 만날 거예요"라는 문장을 다음과 같이 씁니다.

We broke up but we're going to get back together.

'헤어졌다'는 과거의 일을 나타내므로 과거형을 쓰지요.

We broke up.

'다시 만날 것이다'는 미래의 일을 나타내므로 미래형을 씁니다.

We're going to get back together.

이제 두 문장을 but으로 연결하기만 하면 됩니다.

그러면 "목표를 달성했으니 승진할 것 같아요"라는 문장은 어떻게 쓸까요?

I'm going to get promoted because I hit my target.

'승진할 것 같다'는 미래의 일이므로 미래형을 씁니다.

I'm going to get promoted.

'목표 달성을 했다'는 과거의 일이므로 과거형을 쓰면 되겠지요.

I hit my target.

두 문장을 because로 연결하기만 하면 완성입니다. 시제 표현에 주의하면서 만든 두 문장을 연결하기만 하면 되니 간단하지요?

because와 so의 구분

but, because, so를 활용하여 문장과 문장을 연결하는 방법은 매우 간단하지만 because와 so의 구분이 때때로 혼란스러울 수 있습니다.

because는 그 뒤에 이유와 원인이 나옵니다. '왜냐하면'이라는 뜻이지요.

반면에 so의 뒤에는 결과와 결론이 이어집니다. '그래서', '따라서'라는 뜻입니다.

다음 두 문장을 살펴봅시다.

I got in trouble because I was late.
꾸중을 들었다, 왜냐하면 지각을 했기 때문에 (→ 꾸중을 들은 이유)

I was late so I got in trouble.
지각을 했다, 그래서 꾸중을 들었다 (→ 지각한 결과)

이처럼 두 문장은 순서만 바꾸면 같은 의미를 전할 수 있습니다. 순서에만 주의하면 because와 so 중에서 어느 것이든 쓸 수 있지요.

하지만 가끔 두 개의 표현을 반대로 쓰는 사람이 있습니다.
because를 '그래서'라고 잘못 해석하기 때문이지요.

만약 "그가 나를 찼어요. 그래서 나는 울었어요"라고 말하려고 할 때 다음과 같이 쓰면 안 됩니다.

✕　He dumped me because I cried.

이 문장은 "그가 나를 찼어요. 왜냐하면 내가 울었기 때문이죠"라는 뜻입니다. 울었다는 이유로 연인에게 이별을 고하는 이상한 사람이 돼 버리죠.

맞는 표현은 이렇게 쓰는 것이지요.

○　He dumped me so I cried.

이렇게 because가 아니라 so를 써야 합니다.
원인관계가 헷갈려 이상한 표현을 쓰지 않도록 주의하세요. because 뒤에는 이유가, so 뒤에는 결과가 나옵니다. 익숙해질 때까지 소리 내어 말하는 연습을 하세요.

가능한 한 많은 예문을 만들어 보며 다양한 표현을 익히도록 합시다.

section 2

미래를 현재형으로 나타내는 표현

제4장에서 학습한 I hope, I bet, What if와 같이 미래의 일을 현재형으로 나타내는 표현이 있었지요.

이것은 문장과 문장을 잇는 if, when, before, after, until도 마찬가지입니다.

현재형, 진행형, 과거형은 원래 쓰던 방법대로 표현하지만, 미래의 일은 예외적으로 현재형으로 씁니다. I hope, I bet, What if와 동일한 방법으로 쓰기 때문에 파트 C에 함께 정리해 뒀습니다.

I hope의 사용법을 제대로 익힌 사람이라면 if, when, before, after, until도 어렵지 않을 것입니다.

하지만 여기서도 한 가지 주의해야 할 점이 있습니다. '한국어 해석에 현혹되지 말 것'입니다.

지금까지 여러 번 언급했듯이 한국어 해석에 얽매이지 말고 영어식 사고에 따라 내용 자체로 판단하여 올바른 시제를 선택해야 합니다. 두 언어의 차이를 바르게 이해하여 실수하지 않도록 주의하세요.

when, after에 주의하자

사람들은 누구나 모국어로 말할 때는 문법적인 부분을 일일이 신경 쓰지 않습니다. 그래서 미래의 일을 과거형으로 말하기도 하지요.

예를 들어 "내일 그가 왔을 때 이야기할 거예요"라고 말한다고 해서 상대방이 의미를 이해하지 못할까요? '내일'은 당연히 미래를 나타내는 단어지만 '그가 왔을 때'라는 과거형으로 말해도 큰 문제가 되지 않습니다.

마찬가지로 "내일 일이 끝난 후에 한잔하러 가요"라고 말하지요.
'내일'이라는 단어를 보면 미래의 일을 말한다는 점을 알 수 있지만 '일이 끝날 후'라고 하지는 않지요.

before, until에 주의하자

한국어로 '~하기 전에'와 '~할 때까지'라는 표현을 쓸 때는 과거의 일이라도 과거형으로 말하지 않습니다.

예를 들어 "어제 잠들기 전에 이를 닦았어요"라고 말하지요.
'어제'의 일이므로 과거 사실이지만 '어제 잠들었기 전에'라고 말하지 않습니다.

"어제 그가 올 때까지 기다렸어요"라는 문장 역시 과거인 '어제'의 일을 말한다고 해서 '그가 왔을 때까지'라고 표현한다면 어떨까요? 더 어색하게 느껴지겠지요.

하지만 영어에서는 과거의 일은 반드시 과거형으로 써야 합니다.

나중에 조금 더 자세하게 설명할 예정이지만 세상에는 수많은 언어가 있고 그 언어 간에 우열을 가릴 수는 없습니다. 단지 각 언어에는 그에 맞는 문법과 규칙이 있을 뿐이지요. 우리가 할 일은 영어와 모국어의 차이를 이해하고 하나의 언어를 쓸 때 다른 언어의 문법과 규칙에 현혹되지 않는 태도를 갖추는 것입니다.

가끔 이런 식으로 잘못 말하는 사람이 있지요.

× **Let's talk about it when he ~~came~~ tomorrow.**

× **I'm going to go drinking after I ~~finished~~ work tomorrow.**

× **I brushed my teeth before I ~~go~~ to bed yesterday.**

× **I waited until he ~~comes~~ yesterday.**

먼저 한국어로 문장을 만든 후 영어로 옮기는 방식으로 말한다면 영문의 시제가 헷갈릴 수 있습니다.

맞는 표현은 다음과 같습니다.

○ **Let's talk about it when he comes tomorrow.**

○ **I'm going to go drinking after I finish work tomorrow.**

(* if/when/before/after/until 뒤에 나오는 문장은 미래의 일을 현재형으로 표현한다.)

○ **I brushed my teeth before I went to bed yesterday.**

○ **I waited until he came yesterday.**

(* if/when/before/after/until 뒤에 나오는 문장은 과거의 일을 과거형으로 표현한다.)

두 문장 간의 시제 정리

아직까지 시제가 헷갈리더라도 걱정하지 마세요. A4 한 장을 이용하면 문법을 복잡하게 따지지 않고도 쉽게 말할 수 있습니다. 지금부터는 두 문장을 연결할 때 시제에서 실수하는 사람들을 위해 한 번 더 정리하는 시간을 갖도록 하겠습니다.

A4 한 장의 파트 C를 보면 다음과 같은 설명이 있습니다. 이 템플릿에 따라 영어를 소리 내어 말하는 연습을 해 봅시다.

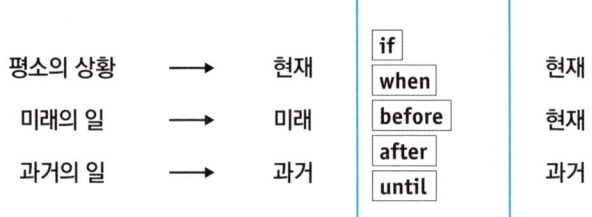

but, because, so를 쓸 때는 두 문장의 시제를 제각각 다르게 써도 상관없습니다.

하지만 if, when, before, after, until을 쓸 때는 가끔 예외도 있지만 대부분은 3가지 패턴으로 나타낼 수 있습니다.

- 앞 문장이 '평소의 상황'을 나타낸다면, 뒤 문장도 '평소의 상황'을 나타낸다.
- 앞 문장이 '미래의 일'을 나타낸다면, 뒤 문장도 '미래의 일'을 나타낸다. (하지만 현재형으로 표현한다.)
- 앞 문장이 '과거의 일'을 나타낸다면, 뒤 문장도 '과거의 일'을 나타낸다.

그러므로 시제는 이렇게 단순화하여 정리할 수 있습니다.

- 평소의 상황을 나타낼 때는 앞 문장도 현재형, 뒤 문장도 현재형으로 쓴다.

- 미래의 일을 나타낼 때는 앞 문장은 미래형, 뒤 문장은 현재형으로 쓴다.
- 과거의 일을 나타낼 때는 앞 문장도 과거형, 뒤 문장도 과거형으로 쓴다.

미래의 일을 말할 때는 뒤 문장을 현재형으로 쓴다는 점을 반드시 기억해야 합니다.

평소의 상황이라면 '현재형 ― 현재형', 과거의 일은 '과거형 ― 과거형'으로 대부분 앞 문장과 뒤 문장에서 동일한 시제를 씁니다. '미래의 일을 현재형으로 말한다'와 같은 예외적인 문법이 있긴 하지만, 소수의 예외 규칙을 제외하더라도 위와 같이 패턴화·단순화하여 기억해 두면 영어 말하기가 더 쉬워집니다.

우리가 회화 연습을 할 때, 옆에 늘 선생님을 두고 할 수는 없지요. 다시 말해 틀린 표현을 쓰더라도 바로잡아 줄 사람이 없습니다. 그래서 잘못된 표현을 반복 연습하면 그것에 익숙해질 우려가 있습니다. 하지만 위와 같이 단순화하여 정리해 두면, 그런 실수를 저지를 위험을 줄여 주고 올바른 영어 감각을 익힐 수 있는 가능성을 높여 줍니다.

그러면 실제로 A4 한 장을 활용하여 문장을 만들어 보면서 올바른 영어 감각을 익혀 봅시다.

Q. "그가 올 때까지 기다릴 거예요"라는 문장을 영어로 어떻게 표현할까요?

시제? ──────────── 미래
두 문장의 시제? ──────── 앞 문장 : 미래형, 뒤 문장 : 현재형 완성 문장? ──────── I'm going to wait until he comes.

Q. "그가 올 때까지 기다렸어요"라는 문장을 영어로 어떻게 표현할까요?

시제? ──────────── 과거
두 문장의 시제? ──────── 앞 문장: 과거형, 뒤 문장: 과거형
완성 문장? ──────── I waited until he came.

해석상으로는 미래의 일이든 과거의 일이든 '그가 올 때까지'라고 동일하게 말하지만 뒤에 이어지는 표현 '기다릴 거예요'와 '기다렸어요'로 시제를 결정할 수 있습니다.

Q. "비가 오기 전에 돌아왔어요"라는 문장을 영어로 어떻게 표현할까요?

시제? ──────────── 과거
두 문장의 시제? ──────── 앞 문장: 과거형, 뒤 문장: 과거형
완성 문장? ──────── I went home before it rained.

이 문장을 다음과 같이 쓰면 안 됩니다.

×   I went home before it ~~rains~~.

틀린 표현이지요. '비가 오기 전에'라는 해석 때문에 헷갈려서 before 뒤에 it rains.라고 해서는 안 됩니다. '비가 오기 전에

돌아왔다'라고 말할 때는 앞뒤 문장 모두 과거형으로 씁니다.

Q. "비가 오기 전에 돌아갈 거예요"라는 문장을 영어로 어떻게 표현할까요?

시제? ─────────── 미래
두 문장의 시제? ──── 앞 문장 : 미래형, 뒤 문장 : 현재형
완성 문장? ──────── I'm going to go home before it rains.

해석상으로는 미래든 과거든 '비가 오기 전에'라고 말하지만 뒤에 이어지는 표현으로 시제를 결정할 수 있습니다.

Q. "집에 일찍 갈 때는 제가 저녁 식사를 준비하고 있어요"라는 문장을 영어로 어떻게 표현할까요?

시제? ─────────── 평소 상황
두 문장의 시제? ──── 앞 문장 : 현재형, 뒤 문장 : 현재형
완성 문장? ──────── I make dinner when I go home early.

'저녁 식사를 준비하고 있어요'는 평소 하고 있는 일반적인 일이므로, 현재형을 씁니다. '준비하고 있다'는 해석 때문에 헷갈려서 현재진행형을 쓰지 않도록 주의해야 합니다.

Q. "만약 비가 오지 않으면 바닷가에 갈 예정이에요"라는 문장을 영어로 어떻게 표현할까요?

시제? ──────── 미래
두 문장의 시제? ──── 앞 문장 : 미래형, 뒤 문장 : 현재형
완성 문장? ──────── I'm going to go to the beach if it doesn't rain.

Q. "혼나기 전에 집에 갔어요"라는 문장을 영어로 어떻게 표현할까요?

시제? ──────── 과거
두 문장의 시제? ──── 앞 문장 : 과거형, 뒤 문장 : 과거형
완성 문장? ──────── I went home before I got in trouble.

참고로 이 문장에서 주목해야 할 점이 있습니다. '혼나기 전에 집에 갔다'는 결국 혼나지 않았다는 뜻이지만 I got in trouble.(혼났다.)이라고 표현한다는 것입니다.

따라서 이 문장에서는 두 가지 사실에 주의해야 합니다.

하나는 문장 전체로 보면 과거의 일을 의미하지만 해석상으로는 '혼나기 전에'라고 현재형으로 해석된다는 점입니다.

또 다른 하나는 결국 혼나지 않았는데도 I got in trouble.이라고 과거형 긍정문으로 표현한다는 점이지요.

결국 일어나지 않은 일이라도 이렇게 말할 때도 있지요.

또 "서울에 살기 전에는 부산에서 살았어요"라는 문장은 다음과 같이 씁니다.

I lived in Busan before I lived in Seoul.

 지금도 서울에 살고 있는 상황이라도 I lived in Seoul.이라고 과거형으로 말하지요.

 따라서 앞에서 언급한 대로 '앞 문장이 과거형이면 뒤 문장도 과거형으로 쓴다'라고 단순화·패턴화하여 기억해 두면 올바른 영어 감각을 익히는 데 도움이 됩니다.

section 3

시제를 다양하게 조합하여 연습해 보자

지금까지 학습한 내용을 떠올리면서 다양한 예문을 만들어 봅시다.

A4 한 장을 보면서 다음 질문의 답을 생각해 보세요.

Q. "그가 오기 전에 잠들 것 같아요"라는 문장을 영어로 어떻게 표현할까요?

시제? ─────────── 미래
두 문장의 시제? ──── 앞 문장 : 미래형, 뒤 문장 : 현재형
완성 문장? ────── **I'm going to go to bed before he comes.**

Q. "그가 오기 전에 잠들었어요"라는 문장을 영어로 어떻게 표현할까요?

시제? ─────────── 과거
두 문장의 시제? ──── 앞 문장 : 과거형, 뒤 문장 : 과거형
완성 문장? ────── **I went to bed before he came.**

Q. "항상 그가 오기 전에 잠들어요"라는 문장을 영어로 어떻게 표현할까요?

시제? ─────────── 평소 상황
두 문장의 시제? ─── 앞 문장 : 현재형, 뒤 문장 : 현재형
완성 문장? ─────── I go to bed before he comes.

Q. "회사 가기 전에 항상 헬스장에 가요"라는 문장을 영어로 어떻게 표현할까요?

시제? ─────────── 평소 상황
두 문장의 시제? ─── 앞 문장 : 현재형, 뒤 문장 : 현재형
완성 문장? ─────── I go to the gym before I go to work.

Q. "회사 가기 전에 헬스장에 갈 생각이에요"라는 문장을 영어로 어떻게 표현할까요?

시제? ─────────── 미래
두 문장의 시제? ─── 앞 문장 : 미래형, 뒤 문장 : 현재형
완성 문장? ─────── I'm going to go to the gym before I go to work.

Q. "회사 가기 전에 헬스장에 갔어요"라는 문장을 영어로 어떻게 표현할까요?

시제? ─────────── 과거
두 문장의 시제? ─── 앞 문장 : 과거형, 뒤 문장 : 과거형
완성 문장? ─────── I went to the gym before I went to work.

Q. "그들이 헤어진 후 그에게 고백했어요"라는 문장을 영어로 어떻게 표현할까요?

시제? ─────────── 과거
두 문장의 시제? ──── 앞 문장 : 과거형, 뒤 문장 : 과거형
완성 문장? ──────── I asked him out after they broke up.

Q. "그들이 헤어진 후 그에게 고백할 예정이에요"라는 문장을 영어로 어떻게 표현할까요?

시제? ─────────── 미래
두 문장의 시제? ──── 앞 문장 : 미래형, 뒤 문장 : 현재형
완성 문장? ──────── I'm going to ask him out after they break up.

형용사도 활용해 볼까요? 형용사를 쓴 문장도 if, when, before, after, until 뒤에는 미래의 일을 현재형으로 표현합니다. 과거의 일은 과거형, 평소 일어나고 있는 상황은 현재형으로 쓰지요.

계속해서 다음 질문의 답을 생각해 봅시다.

Q. "날씨가 화창해질 때까지 기다렸어요"라는 문장을 영어로 어떻게 표현할까요?

시제? ─────────── 과거
두 문장의 시제? ──── 앞 문장 : 과거형, 뒤 문장 : 과거형
완성 문장? ──────── I waited until it was sunny.

Q. "항상 날씨가 화창해질 때까지 기다려요"라는 문장을 영어로 어떻게 표현할까요?

시제? ──────────── 평소 상황
두 문장의 시제? ──────── 앞 문장 : 현재형, 뒤 문장 : 현재형
완성 문장? ──────── I wait until it's sunny.

Q. "날씨가 화창해질 때까지 기다릴 거예요"라는 문장을 영어로 어떻게 표현할까요?

시제? ──────────── 미래
두 문장의 시제? ──────── 앞 문장 : 미래형, 뒤 문장 : 현재형
완성 문장? ──────── I'm going to wait until it's sunny.

미래의 일을 나타내지만 until 뒤에 나오는 문장은 현재형인 It's sunny.를 씁니다.

다음 질문도 같은 방식으로 생각하면 됩니다.

Q. "만약 날씨가 화창하지 않으면 가지 않을 거예요"라는 문장을 영어로 어떻게 표현할까요?

시제? ──────────── 미래
두 문장의 시제? ──────── 앞 문장 : 미래형, 뒤 문장 : 현재형
완성 문장? ──────── I'm not going to go if it's not sunny.

Q. "그가 무례하게 굴면 집에 갈 거예요"라는 문장을 영어로 어떻게 표현할까요?

시제? ─────────── 미래
두 문장의 시제? ──── 앞 문장 : 미래형, 뒤 문장 : 현재형
완성 문장? ──────── **I'm going to go home he's mean.**

어떠세요? 이렇듯 패턴화해서 외우면 영어 문장을 쉽게 만들 수 있습니다.

연습하면 할수록 원어민과 같은 감각으로 말할 수 있게 되므로 다양한 내용으로 충분히 연습해 봅시다!

연습이 완벽함을 만듭니다!

section 4

언어 간 시제 감각의 차이

한국어와 영어의 '시제 감각의 차이'에 관한 설명을 조금 보충하고자 합니다. 하지만 이 설명에 너무 집착할 필요는 없습니다. 관심 있는 사람도 있을 듯해서 준비했지만 크게 신경 쓰지는 않아도 됩니다.

앞서 한국어는 미래의 일을 과거형으로 말하기도 하며, 과거의 일이라고 해서 반드시 과거형으로 말해야 하는 것은 아니라고 설명했지요. 하지만 영어는 예외적 경우가 있긴 하지만 대개 미래의 일은 미래형으로, 과거의 일은 과거형으로 말합니다.

그렇다면 두 언어 간 시제 감각에는 어떤 차이가 있을까요?

- 한국어는 두 행동 간의 시점을 기준으로 말한다.
- 영어는 현재 말하고 있는 시점을 기준으로 말한다.

이렇게 정리할 수 있겠습니다.

예문을 통해 더 상세하게 알아볼까요? 이런 문장이 있습니다.

I brushed my teeth before I went to bed yesterday.
어제 잠들기 전에 이를 닦았다.

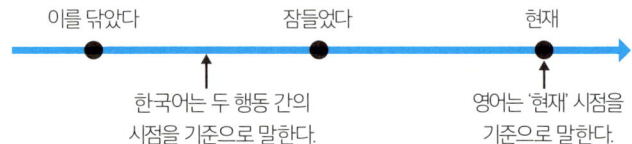

영어로는 모두 어제의 일이므로 현재 말하고 있는 시점을 기준으로 생각해 모두 과거형을 씁니다.

하지만 한국어로는 '이를 닦다'와 '잠들다'라는 두 행동 간의 시점을 기준으로 말하지요. '이를 닦는' 행위가 '잠드는' 행위보다 더 과거에 일어났으므로, '잠들기 전에'는 과거형으로 표현하지 않습니다.

이런 문장도 하나 더 살펴볼까요?

I'm going to go drinking after I finish work.

일이 끝난 후에 한잔하러 갈 예정이에요.

'일이 끝나는' 것 역시 미래의 일인데도 미래형으로 말하지 않지요.

영어로는 현재 말하고 있는 시점을 기준으로 생각하므로 '회사가 끝나는' 것도 '한잔하러 가는' 것도 미래의 일입니다. 다만

after 뒤에 이어지는 문장은 예외적으로 현재형을 쓰지요.

반면에 한국어로는 '일이 끝나는' 것과 '한잔하러 가는' 것, 두 행위 간의 시점을 기준으로 말하므로 일이 '끝날 후'가 아니라 '끝난 후'라고 말합니다.

이처럼 이론적으로 생각하면 어려우니 A4 한 장의 템플릿만 기억해도 됩니다.

영문의 시제를 헷갈리지 않기 위해서는 처음부터 영어식으로 사고하여 현재, 진행, 과거, 미래 중 어느 시제에 해당하는지 판단하는 것이 중요합니다. 이 원칙은 한 문장만 말할 때든 두 문장을 연결하여 말할 때든 달라지지 않습니다.

다양한 예문으로 연습을 반복하면 점점 원어민의 감각을 익힐 수 있을 것입니다.

제6장

복잡한 내용을 쉽게 말하는 '기적의 응용' 표현

section 1

원어민이 일상적으로 쓰는 방법

문장 뒤에 단어를 붙여 보자

마지막 장에서는 '기적의 응용' 표현에 관해 설명하려고 합니다.

'기적의 응용' 표현이라니 무슨 말일까요?

그것은 문장 뒤에 어구를 붙이는 것만으로 '기적적으로' 그리고 '쉽게' 원어민처럼 말할 수 있게 해주는 표현을 뜻합니다.

A4 한 장의 파트 D를 한번 보세요.

- ① 형용사
- ② with + 명사
- ③ 동사 + -ing

이 3가지는 완성된 문장에 덧붙일 수 있는 표현입니다. 조금 더 상세하게 살펴볼까요?

He came home.
그는 집에 돌아왔어요.

이 문장에 '① 형용사'에 해당하는 hungry를 덧붙이면 다음과 같은 문장이 되겠지요.

He came home hungry.
그는 배고픈 상태로 집에 돌아왔어요.

이처럼 완성된 문장에 형용사 하나만 덧붙이면 됩니다.

그러면 "아침에 일어났더니 유명인이 됐어요"라는 문장은 영어로 어떻게 표현할까요?

'유명인은 famous person이니, I woke up with the famous person이 아닐까?'
라고 생각하는 사람도 있겠지만 이 문장은 '아침에 일어났더니 옆에 유명인이 있었다'라는 뜻입니다.

가끔 문법책에서 이런 문장을 볼 때도 있지만 원어민은 이렇게 말하지 않습니다.

△ I awoke to find myself to be famous.

꽤 복잡한 표현이죠? 제가 추천하고 싶은 표현은 이것입니다.

○ I woke up famous.

다음과 같이 완성된 문장에

I woke up.
아침에 일어났어요.

형용사를 덧붙이기만 하면 됩니다.

＋ famous.
유명한

이렇게 간단한 표현이 있는데도 먼저 모국어로 문장을 만든 후 영어로 옮기는 습관 때문에 복잡하고 어색한 표현을 쓰게 되는 것입니다.

'명사'라면 with를 붙인다

"그가 집에 돌아왔을 때 두통을 앓고 있었어요"라는 문장을 영어로 어떻게 표현할까요?

He came home.
그는 집에 돌아왔어요.

이 문장에

+ **with a headache.**

를 붙이면 다음과 같은 문장이 완성됩니다.

He came home with a headache.

a headache는 명사이므로 with와 함께 씁니다.

이 표현은 인과관계에 상관없이 쓸 수 있으므로 편리합니다.

He came home with a headache.는 '그가 집에 왔을 때 두통을 앓고 있었다'라는 의미로 두 사건 간에 인과관계가 없지요.

또는 '그는 두통이 생겨서 집에 돌아왔어요'라는 의미로 인과

관계가 있는 경우에도 쓸 수 있습니다.

또한 "그가 셔츠에 립스틱을 묻힌 채로 집에 돌아왔어요"는 다음과 같이 말합니다.

He came home with lipstick on his shirt.

He came home.

이라는 문장에

+ with lipstick on his shirt.

를 붙이기만 하면 됩니다.

lipstick은 명사이므로 with와 함께 씁니다. 이 문장에서는 on his shirt가 없으면 의미가 불분명해지므로 주의해야 합니다.

'동사'는 -ing를 붙인다

이 부분은 문법책을 기준으로 말하면 '현재분사 구문'에 해당합니다. 물론 그런 딱딱한 용어가 중요한 것은 아니지요.

예를 들어 "그는 울면서 집에 돌아왔어요"는 다음과 같이 말합니다.

He came home crying.

He came home.

이라는 완성된 문장에

+ cry ing

을 붙이기만 하면 완성되니 간단하지요. cry는 동사이므로 -ing를 붙인다고 단순하게 생각하면 됩니다.

간단하고 자연스러운 영어를 구사하는 방법

이 방법은 꼭 추천하고 싶은 방법입니다. 덧붙이는 부분은 시제 일치 등 어려운 영문법과 전혀 상관없는 점이 특징입니다.
예를 들어 이 방법을 모르는 사람은

△ **He was hungry when he came home.**

두 문장을 만들어야 하므로 각 문장의 시제 등을 생각하면 어렵게 느껴질 것입니다. 게다가 하나는 형용사를 쓴 문장이고 다른 하나는 동사를 쓴 문장이므로 더 복잡하게 보이지요.

하지만 이 방법을 아는 사람은 간단한 문장으로 만들 수 있습니다.

He came home + hungry.

훨씬 간단하지 않나요? 그리고 동시에 더 자연스러운 영어 표현이 되었습니다.

이 방법을 모르는 사람은

△ **He was crying while he was coming home.**

이렇게 두 문장을 만들겠지만 이 방법에 익숙한 사람은 He came home + crying.이라는 더 간단하고 자연스러운 표현을 생각해 낼 것입니다.

> **Point**
>
> 많은 사람들이 '고민거리'를 영어로 어떻게 말할지 고민하다가 trouble을 떠올릴 수 있습니다. 하지만 정확한 영어 표현은 problem입니다.
> 우리는 종종 '문제'를 problem으로, '고민거리'를 trouble로 번역하는 경향이 있지만, 실제로는 문제든 고민거리든 모두 problem으로 표현됩니다.
> 한국어와 영어 단어를 일대일로 대응시키려는 생각을 버리고 A4 한 장을 활용해 영어로 생각하는 습관을 길러야 합니다.

'기적의 응용 표현'의 3가지 방법

기적의 응용 표현을 활용하는 방법에는 3가지가 있습니다. 예문과 함께 살펴보세요.

① 형용사를 덧붙인다.

I went to bed hungry.

배고픈 상태로 잠들었어요.

② 「with + 명사」를 덧붙인다.

I went to bed with a headache.

두통을 앓으면서 잠들었어요.

③ 「동사 + -ing」를 덧붙인다.

I went to bed wearing contacts.

콘택트렌즈를 낀 채로 잠들었어요.
(* 참고로 몸에 걸치는 것에는 모두 wear를 씁니다.)

I went to bed wearing makeup.

화장을 한 채로 잠들었어요.

Point

makeup은 명사로 '화장'이라는 뜻입니다. 그리고 몸에 착용하는 모든 것에는 wear라는 동사를 쓰지요. 하지만 명사 makeup과 형태가 비슷한 동사 make up은 전혀 다른 의미인 '화해하다'라는 뜻입니다. 그래서 I went to bed making up.이라고 하면 이는 "화해하면서 잠들었다"는 뜻이 되지요. 실수하기 쉬우니 주의가 필요합니다.

section 2

① 형용사를 덧붙인다

왜 부사가 아니라 형용사일까?

He came home hungry.
그는 배고픈 상태로 집에 돌아왔어요.

 이 문장을 보고 많은 사람들이 'hungry가 아니라 hungrily를 쓰면 안 되나요?'라고 묻습니다. 네, hungrily를 쓰면 안 됩니다.

 학교에서 형용사에 -ly를 붙이면 부사가 된다고 배운 적이 있을 것입니다. 그 기억이 남아 있는 사람들이 hungrily를 써야 한다고 착각하기 쉽지요.

 하지만 -ly를 붙여 만든 부사는 '집에 왔다'라는 동사를 수식합니다.

× **He came home hungrily.**

다시 말해 '배고프게 집에 왔다'라고 집에 오는 방법을 설명하는 문장이 됩니다. 완전히 다른 뜻이 되지요. 동사를 수식하는 것이 아니므로 hungrily가 아닌 형용사 hungry를 씁니다. 그래야 '집에 올 때 배고픈 상태였다'라는 뜻이 되지요.

마찬가지로 "돌아왔을 때 (영어가) 유창해졌어요"는 다음과 같이 말할 수 있습니다.

He came back fluent (in English).

fluent는 '유창한'이라는 뜻의 형용사입니다. 형용사를 그대로 문장 끝에 덧붙이면 되지요.

He came back + fluent.

fluently라는 부사를 쓰면 '유창하게 돌아왔다'라는 이상한 뜻이 됩니다. 원어민 역시 고개를 갸우뚱할 표현이지요.

부정형은 형용사에 not을 붙인다

문장 끝에 붙이는 형용사를 부정할 때는 형용사 앞에 not을 쓰면 됩니다.

not drunk

이 방법은 단어를 모를 때도 도움이 됩니다.

He came back drunk.

이 문장은 '그는 술에 취한 채로 집에 돌아왔어요'라는 뜻이지요.

그러면 "그는 맨정신으로 집에 돌아왔어요"라는 문장을 영어로 어떻게 표현할까요? 술에 취하지 않은 '맨정신'을 뜻하는 영단어를 머릿속에서 검색하고 있다면 생각을 조금 바꿔 볼까요?

He came home + not drunk.

이렇게 말하면 됩니다.

'맨정신'을 뜻하는 단어를 몰라도 상관없지요. 참고로 술에 취하지 않은 상태를 뜻하는 형용사는 sober입니다.

그 단어를 몰라도 포기하지 말고 융통성을 가지고 자신이 알고 있는 단어를 최대한 활용하여 표현하는 것이 중요합니다.

자신이 알고 있는 영어로 표현하는 연습을 조금 더 해 볼까요?

"기분 좋은 상태로 집에 돌아왔어요"라는 문장을 영어로 어떻게 표현할까요?

'기분 좋다'라는 표현을 어렵게 생각할 필요가 없습니다.

He came home + happy.

간단하지요?

초등학생도 아는 단어인 happy를 쓰면 간단히 해결됩니다. 어렵게 생각하지 않도록 노력하는 것도 회화 실력을 키우는 방법 중 하나입니다.

"의기소침한 상태로 집에 돌아왔어요"를 영어로 어떻게 말할까요?

'의기소침한'을 뜻하는 단어를 모른다고 포기할 필요는 없습니다.

He came home + sad.
He came home + not happy.
He came home + unhappy.

셋 중 어떤 표현을 써도 상관없습니다.

쉬운 단어로도 얼마든지 말할 수 있지요.

'의기소침한' 상태를 뜻하는 단어를 사전에서 찾아보면 depressed가 나올 것입니다.

하지만 depressed는 우울함이 심각한 정도일 때 쓰는 단어입니다. 어려운 단어를 찾으려 하지 말고 원래 알고 있는 쉬운 단어를 활용하는 편이 더 낫습니다.

section 3

② 「with+명사」를 덧붙인다

명사는 with와 함께 쓴다

"그는 감기에 걸려 집에 돌아왔어요"는 다음과 같이 말합니다.

He came home with a cold.

이 문장은

He came home.
그는 집에 돌아왔어요.

이라는 문장에

with a cold (with + 명사)

를 덧붙인 문장입니다.

He came home sick.

이 문장은 "그는 감기에 걸려 집에 돌아왔어요"라는 뜻이 될 수도 있지요. 다만 sick은 형용사이므로 형태 변화 없이 그대로 붙여 줍니다.

a cold는 감기를 뜻하는 명사이므로 with와 함께 쓰지요.

뜻이 같더라도 붙이는 단어의 품사에 따라 붙이는 방식이 달라집니다.

"아침에 일어났더니 근육통이 느껴졌어요"는 다음과 같이 말할 수 있습니다.

I woke up sore.

sore는 '아픈'이라는 뜻의 형용사지만 특히 근육통을 의미하는 말로 자주 쓰입니다. 형용사니 그대로 붙여 주면 되지요.

반면에 "아침에 일어났더니 다리에 근육통이 느껴졌어요"는 다음과 같이 말합니다.

I woke up with sore legs.

둘 다 근육통을 의미하지만 sore legs는 명사이므로 with와 함께 써야 합니다.

부정형은 명사 앞에 no를 붙인다

「with + 명사」부분을 부정하고 싶을 때는 명사 앞에 no를 붙입니다.

"그는 무일푼으로 집에 돌아왔어요"라는 문장을 영어로 어떻게 표현할까요?

He came home with money.
그는 돈을 가지고 집에 돌아왔어요.

에서

with money

를

with no money

와 같이 부정형으로 바꾸기만 하면 됩니다.

He came home with no money.

그 밖에 이런 문장도 쓸 수 있습니다.

Come with no expectations.
기대하지 말고 오세요.

Point

come은 한 단어이므로, 완성된 문장으로 보이지 않을 수도 있습니다. 하지만 사실 완성된 형태의 '명령문'이지요. 명령문은 동사원형으로 시작합니다.

section 4

③ 「동사+-ing」를 덧붙인다

「동사+-ing」는 '~하면서'를 의미한다

동사도 -ing형으로 바꿔 완성된 문장에 덧붙일 수 있습니다. 문법책에서 말하는 '분사구문'에 해당하지요. 「동사+-ing」는 '~하면서', '~하다가'라는 뜻입니다.

예를 들어 "요리를 하다가 손가락을 베었어요"는 다음과 같이 말할 수 있습니다.

I cut my finger cook ing .

"항상 음악을 들으면서 조깅을 해요"는

I jog listen ing to music.

"그는 술 냄새를 풍기면서 집에 돌아왔어요"는

He came home smell ing like alcohol.

"아침에 일어났더니 바닥에 누워 있었어요"는 다음과 같이 말합니다.

I woke up ly ing on the floor.

부정형은 동사 앞에 not을 붙인다

부정형은 동사 앞에 not을 붙이면 됩니다.

"그는 안경을 쓰지 않은 채 집에 돌아왔어요"는

He came home not wearing his glasses.

"눈을 떴을 때 제가 어디 있는지 몰랐어요"는

I woke up not knowing where I was.

"화장을 하지 않은 채로 회사에 출근했어요"는 다음과 같이 말합니다.

I went to work not wearing makeup.

section 5

'더블' 기적의 응용 표현

기적의 응용 표현을 쓸 수 있는 경우와 없는 경우

기적의 응용 표현이 편리한 이유는 얼마든지 덧붙일 수 있기 때문입니다.

'더블' 기적의 응용 표현에 관해 알아보기 전에 앞서 배운 내용을 조금 더 살펴봅시다.

덧붙이는 부분은 원래 문장에 언급된 사람이나 사물과 관련된 내용이지요. 주어든 목적어든 반드시 원래 문장에 포함되어 있어야 합니다.

다음 문장을 볼까요?

I saw him crying.

이 문장은

- 그가 울고 있는 모습을 봤어요.
- 내가 울면서 그를 봤어요.

두 가지 의미로 해석될 수 있습니다.
I도 him도 원래 문장에 있기 때문입니다.

하지만 "비가 내리고 있는 중에 그가 돌아왔어요"는 다음과 같이 말해서는 안 됩니다.

× **He came home raining.**

원래 문장인 He came home.에는 He만 있지요. 그 문장에 raining을 덧붙이면 He is raining.(그는 비가 오고 있어요.)과 같은 이상한 문장이 됩니다.

'비가 오다' 등 날씨를 나타내는 문장의 주어는 It이었지요. 원래 문장에 it이 없으므로 raining을 붙일 수 없습니다.

'더블' 기적의 응용 표현

"텔레비전을 보면서는 집중할 수 없어요"는 다음과 같이 말합니다.

I can't concentrate watching TV.

원래 문장에는 I밖에 없으므로 watching TV가 I와 관련 있음을 알 수 있지요. 다시 말해 텔레비전을 보는 사람도 집중하지 못하는 사람도 I입니다.

그러면 "당신이 텔레비전을 보고 있으니 제가 집중할 수가 없네요"는 어떻게 말할까요?

I can't concentrate with you watching TV.

집중하지 못하는 사람은 I이지만 텔레비전을 보는 사람은 you입니다.

I can't concentrate.

라는 원래 문장에는 you가 없으므로

+ with you

를 덧붙입니다.

I can't concentrate + with you + watching TV.

이렇게 만들어진 문장이지요.

이처럼 두 개의 어구를 붙여서 더 많은 정보를 전달할 수 있는 표현이 '더블 기적의 응용 표현'입니다.

you는 명사이므로 with와 함께 써서 문장 끝에 붙였지요. 참고로 '당신과 함께' 텔레비전을 본다는 의미가 아니라는 점에 주의하세요.

그 밖에도 "일어났더니 침대 위에 누워 있었어요"는 다음과 같이 말하지요.

I woke up + ly ing on the bed.

일어난 사람도 침대 위에 누워 있었던 사람도 I라는 뜻입니다.

하지만 "일어났더니 개가 침대 위에 누워 있었어요"라는 문장을 말하고 싶다면

I woke up + with the dog + ly ing on the bed.

이렇게 말합니다. 일어난 사람은 I이지만 침대 위에 누워 있었던 것은 개입니다. the dog이 원래 문장에 없으므로 with the dog을 꼭 넣어야 합니다.

또 "창문을 열어둔 채로 잠들었어요"는

I went to bed + with the window + open.

잠든 사람은 자신이지만 열려 있는 것은 창문입니다. 이 역시 원래 문장에 the window가 없으므로, with the window를 빠뜨려서는 안 됩니다.

문장 끝에 붙은 open은 동사가 아니라 형용사입니다. open은 동사와 형용사, 둘 다 쓸 수 있지요.

동사는 '동작'과 '움직임'을 나타내므로 동사 open은 '열다, 열리다'라는 뜻이고, 형용사는 움직임이 없는 '상태'를 나타내므로 형용사 open은 '열려 있는'이라는 뜻이지요.

'창문을 여는 동작을 하면서 잠들었다'라는 건 말이 안 되

지요. '창문이 열려진 상태로 잠들었다'라는 뜻이므로 open을 형용사로 봐야 합니다.

Point

일부 사람들은 '더블 기적의 응용 표현'을 듣고 '정말 원어민이 이렇게 말할까?'라고 의문을 제기합니다. 제가 앞서 언급했듯이, 저는 약 400편의 영화와 드라마 대본을 분석했습니다. 그 결과 기적의 응용 표현을 다섯 개나 포함한 문장은 단 2번밖에 발견하지 못했지만 두세 개의 응용 표현을 포함한 문장은 무수히 많았습니다. 이러한 예시들을 드라마, 영화, 비틀스의 노래 가사, 소설 등에서 찾아내 영상으로 제작했습니다. 아래 QR 코드를 스캔하여 영상을 확인해 보시면 이해에 도움이 될 것입니다.

section 6

덧붙이는 순서

특히 두세 개의 어구를 붙이는 경우 가장 고민되는 것이 순서겠지요. 이때 뒤에 붙는 어구의 순서에 유의해야 하는 경우와 전혀 신경 쓰지 않아도 되는 경우가 있습니다.

앞서 소개한 예문은 모두 그 순서에 따라야만 하는 경우였습니다.

예를 들어 다음 문장을 떠올려 보세요.

I can't concentrate with you watching TV.

이 문장에서 with you가 앞에 붙는 이유는 you가 watching의 주어이기 때문입니다.

영어에서는

I learn English.

처럼 주어는 반드시 동사 앞에 오지요. 반대로 목적어는 동사 뒤에 옵니다.

you는 watching의 주어이므로 동사 앞에 붙입니다. 그래서 with you가 먼저 나오게 되는 것이지요.

I woke up + with the dog + lying on the bed.

이 문장도 '개가 누워 있었다'라는 뜻이므로 the dog이 lying on the bed의 주어입니다. 그래서 이 순서로 쓰는 것이지요.

I went to bed + with the window + open.

'창문이 열려 있었다'라는 의미지요. the window가 open의 주어이므로 반드시 이 순서로 써야 합니다.

일이 일어난 순서도 고려한다

'주어인지 아닌지' 이외에도 '일이 일어난 순서'도 생각해야 합니다.

예를 들어 "스키를 타다가 다리가 부러졌어요"를 다음과 같이 말합니다.

I broke my leg + skiing.

나아가 "술에 취한 채 스키를 타다가 다리가 부러졌어요"는

I broke my leg + skiing + drunk.

라고 말합니다. 이때 덧붙이는 어구의 순서는 주어와는 관계가 없습니다. '일이 일어난 순서'와 관계 있지요.

먼저 한국어와 영어의 순서를 비교해 봅시다.

- 한국어 : 술에 취한 채 + 스키를 타다가 + 다리가 부러졌다
- 영어 : **I broke my leg** + **skiing** + **drunk**.

완전 반대지요. 한국어는 일어난 순서대로 말합니다. '술에 취한 채 → 스키를 타다가 → 다리가 부러졌다'라는 순서지요.

반대로 영어는 시간을 거슬러 올라가는 순서, 더 정확하게 말하면 '결과부터 말하는' 경향이 있습니다.

이 문장에서 가장 중요한 내용은 '다리가 부러졌다'라는 사실입니다. 그리고 '무엇을 할 때', '어떤 상태로'가 그 뒤에 붙지요.

영어는 결과부터 말하기 때문에 한국어 해석과는 순서가 반대입니다. 이 또한 예외가 있지만 기본적으로는 영어와 역순이라고 생각하면 편합니다.

순서가 상관없는 경우

'주어'도 '일이 일어난 순서'도 관계없는 경우는 어떤 순서로 쓰든 상관없습니다.

I woke up + ly ing on the floor + with a hangover.
일어났더니 바닥에서 자고 있었는데 숙취가 남아 있었어요.

이런 문장은 붙이는 어구의 순서를 고민할 필요가 없습니다.

일의 순서도 관계없고 둘 다 주어가 I이므로 lying on the floor와 with a hangover를 어떤 순서로 쓰든 상관없지요.

- I woke up + ly ing on the floor + with a hangover.
- I woke up + with a hangover + ly ing on the floor.

둘 다 쓸 수 있습니다.

「동사+-ing」가 두 개 붙는 경우

"요리를 하다가 손가락을 베었어요"는 다음과 같이 말하지요.

I cut my finger + cooking.

나아가 "텔레비전을 보면서 요리를 하다가 손가락을 베었어요"라는 표현은 다음과 같습니다.

I cut my finger + cooking + watching TV.

이처럼 cooking, watching 등 두 개의 「동사+-ing」가 연이어 붙은 문장이 익숙하지 않으면 어색하게 느껴질 수도 있습니다.

하지만 원어민이 보기에는 전혀 어색하지 않은 지극히 자연스러운 표현입니다.

and나 while을 넣어도 상관없지만 사실 넣지 않고 말하는 경우도 많습니다.

section 7

자연스러운 대화를 위한 팁

참고로 지금까지 학습한 표현을 상대방의 말에도 덧붙일 수 있습니다. 다음 대화를 보세요.

A : I'm busy. (바빠서요.)
B : Working? (일 때문에요?)

B가 A의 말에 어구를 덧붙이며 대화를 이어가고 있습니다. 한국어로 대화할 때도 이런 방법을 쓸 수 있지요. 진행형의 생략이 아니라 대화를 자연스럽게 이끌어 가는 방법 중 하나입니다.

A : I'm busy. (바빠서요.)
B : Doing what? (뭘 하시는데요?)
A : Working. (일 때문에요.)

이러한 대화도 가능하지요.
이처럼 대화 중에 기적의 응용 표현을 적절히 활용하면 원어민처럼 자연스럽게 대화를 이어나갈 수 있습니다.

닉 윌리엄슨(Nic Williamson)

호주 시드니 출신으로 시드니대학에서 심리학을 전공했다. 대학에서 3년간 일본 문학을 공부하면서 일본 문화에 관심을 가지게 되었다. 재학 중 주호주 일본대사관이 주최하는 호주일본어변론대회에서 우승했다. 일본 문부과학성의 장학금을 받아 대학 졸업 후, 연구생 자격으로 도쿄가쿠게이대학에서 1년 반 동안 공부했다. 아르바이트로 영어를 가르치기 시작해 졸업 후에도 간판 강사로 활약했다. 영어 강사로 일하던 중 회화 교실을 시작하여 기업과 대학을 대상으로 한 영어 강의, SKY Perfect TV 방송 사회자, 라디오 DJ, 잡지 칼럼니스트, 영어 학습서 저자 등 다양한 분야에서 폭넓게 활동하고 있다. 일본어를 기초부터 공부하여 완벽하게 습득하기까지의 경험과 대학에서 전공한 신경심리학 지식을 바탕으로 효과적이고 효율적인 자신만의 언어 학습법을 개발했다. 저서로는 『딱 30패턴으로 잡는 영어회화』 등이 있다.

보기만 해도 영어가 술술 나오는
A4 한 장 영어 공부법 영어회화편

초판 2쇄 인쇄 2024년 6월 24일
초판 1쇄 발행 2024년 2월 15일

지은이	닉 윌리엄슨
감수	박승아
펴낸곳	도서출판 THE북
마케팅	㈜더북앤컴퍼니
출판등록	2019년 2월 15일 제2019-000021호
주소	서울특별시 영등포구 양평로12가길 14 310호
전화	02-2069-0116
이메일	thebook-company@naver.com
ISBN	979-11-976185-6-7 (13740)

• 책값은 뒤표지에 있습니다.
• 잘못 만들어진 책은 구입하신 곳에서 교환해 드립니다.

<A4 Ichimai Eigo Benkyouhou Mirudake de Eigo Perapera ni Naru>
Copyright © Nic Williamson 2021
First published in Japan in 2021 by SB Creative Corp.
Korean translation rights arranged with SB Creative Corp.
through JM Contents Agency Co.
Korean edition copyright © 2023 by THE BOOK

이 책의 한국어판 저작권은 저작권자와의 독점 계약으로 도서출판 THE북에 있습니다.
저작권법에 의해 한국 내에서 보호를 받는 저작물이므로 무단 전재와 복제를 금합니다.